Glow-Food

Iris Lange-Fricke

Glow-Food

STRAHLEND SCHÖN DURCH RICHTIGE ERNÄHRUNG

JAN THORBECKE VERLAG

VERLAGSGRUPPE PATMOS

PATMOS
ESCHBACH
GRÜNEWALD
THORBECKE
SCHWABEN

Die Verlagsgruppe
mit Sinn für das Leben

MIX
Papier aus verantwortungsvollen Quellen
FSC® C128922

Für die Verlagsgruppe Patmos ist Nachhaltigkeit ein wichtiger Maßstab ihres Handelns. Wir achten daher auf den Einsatz umweltschonender Ressourcen und Materialien.

www.thorbecke.de

Gestaltung: Finken & Bumiller, Stuttgart
Fotos: Studio Seiffe, Hamburg
Foodstyling: Iris Lange-Fricke
Druck: Himmer GmbH Druckerei, Augsburg
Hergestellt in Deutschland
ISBN 978-3-7995-1246-6

Inhalt

Glow-Food – Strahle von innen heraus mit der Beauty-Ernährung 7

Einleitung 8
Schönheit zum Essen 8
Basisch macht schön und bringt uns zum Leuchten 9
Was schadet unserem Glow? 9
Zucker macht uns fahl und lässt uns altern 10
Stress – der Schönheitskiller 10
Ist der Darm in Balance, strahlen wir das aus 11
Glow-Kur als Figurformer und für mehr Strahlkraft 11
Die 7-Tage-Glow-Kur 12
Yoga und Bewegung entspannen und machen schön 13
Die Woche ist vorbei, was nun? 13
Essen Sie nach der 80:20 Regel 14
Die Top-Beauty-Inhaltsstoffe 14

Frühstück, Smoothies & Drinks 18

Kalte & warme Köstlichkeiten 44
Salate 46
Suppen 60
Fisch & Fleisch 70
Getreide & Hülsenfrüchte 80

Beauty-Party-Rezepte – Snacks und Süßes 92

Register 118
Die Autorin/Die Fotos 120

Glow-Food

STRAHLE VON INNEN HERAUS MIT DER BEAUTY-ERNÄHRUNG

Ein Sprichwort sagt: Wahre Schönheit kommt von innen. Wer sich ausgewogen ernährt und aktiv lebt, fühlt sich gut, fit und strahlt das aus – mit einem gewissen „Glow“ von innen heraus.
Nicht nur Cremes, Masken und Kuren machen uns schön, sondern auch frische Luft, Bewegung und natürlich eine ausgewogene Ernährung. Mit Zutaten aus meiner Beauty-Küche, mit reichlich Vitaminen, Mineralstoffen und sekundären Pflanzenstoffen können Sie Ihr Beautyregal ausbauen. Die zahlreichen Lebensmittel und deren Inhaltsstoffe, die ich in diesem Buch vorstelle, sorgen für mehr Hautfeuchtigkeit, einen gesunden Teint, kräftige Haare und Nägel, gesunde Zähne sowie eine straffe Silhouette und Haut.
Meine leckeren Lieblingsrezepte versorgen den Körper mit Vitaminen, Mineralstoffen und Antioxidantien und können so den gewissen Glow hervorrufen. Mithilfe der Frühstücksideen, Smoothies, Drinks, Salate, Suppen, wärmenden Speisen und süßen Leckereien freuen sich die Zellen über Frische und Regeneration. Als i-Tüpfelchen gibt es Rezepte für die Beauty-Party mit Freundinnen. Und eine Extra-Kur kann Ihre Schönheit zum Entfalten bringen.

Viel Spaß dabei!

Ihre Iris Lange-Fricke

SCHÖNHEIT ZUM ESSEN

Die Grundlage der Beauty-Ernährung ist eine ausgewogene und gesunde Auswahl an verschiedenen Lebensmitteln. Viel Gemüse, Obst, Hülsenfrüchte, Nüsse, geringe Mengen mageres Fleisch und Fisch sowie Eier und Milchprodukte bilden dabei die Basis. Damit ist der Körper mit allen wichtigen Nährstoffen versorgt, und die Zellen und Muskeln können sich regenerieren. Besonders eine vorwiegend basische Ernährung wirkt sich positiv auf den Glow-Effekt aus.
Greifen Sie verstärkt zu Süßigkeiten, Fastfood, Fertiggerichten, fettem Fleisch, weißem Brot, Alkohol und Zucker, kann der Körper aus der Balance kommen. Essen Sie dauerhaft zu viel davon und unausgewogen, führt das zu Übergewicht sowie einem trägen Stoffwechsel, und die Entgiftungsorgane können die Last nicht mehr richtig verarbeiten. Durch diese eher ungesunden Lebensmittel bildet der Körper vermehrt Säuren. Die Säuren binden sich an die Basen, um diese auszuscheiden. Sind zu viele Säuren im Körper unterwegs, können die Basen das Gleichgewicht nicht mehr richtig in Balance bringen. Der Körper und die Entgiftungsorgane sind dadurch überlastet und schaffen ihre Arbeit nicht mehr richtig. Daher fühlt sich der Körper schlapp und ausgelaugt. Zudem können auch Stress und wenig Bewegung den Körper belasten. Dies kann sich vor allem durch Kopfschmerzen, Rückenprobleme, Magen-Darm-Beschwerden und einen langsamen Stoffwechsel bemerkbar machen. Eine schlechte Ernährung, eine unregelmäßige Lebensweise und zu viel Stress können anhand der Haut und der Ausstrahlung sichtbar werden. Das zeigt sich durch Augenringe, eine fahle Haut, blasse Gesichtsfarbe, Unreinheiten und kleine Fältchen.

BASISCH MACHT SCHÖN UND BRINGT UNS ZUM LEUCHTEN

In meinem Buch spielen basische Lebensmittel die Hauptrolle. Das saisonale Obst und Gemüse enthält viele Mineralstoffe, Vitamine und sekundäre Pflanzenstoffe, die dabei helfen, den Körper zu reinigen und zu entgiften. So wird der Körper mit reichlich Vitalstoffen versorgt. Eiweißreiche Zutaten wie Milch- und Sojaprodukte, Hülsenfrüchte, Nüsse, Samen und basenförderndes Getreide wie Quinoa, Hirse und Buchweizen sind Nahrung für Ihre Muskeln. Sie aktivieren den Stoffwechsel, sorgen für mehr Energie und straffe Konturen. Gewürze, Kräuter und Superfoods wie Ingwer, Kurkuma, Koriander, Minze, Leinsamen, Kohl, Gojibeeren und Granatapfel unterstützen den Vorgang, wirken anregend und entgiftend. Achten Sie beim Einkauf auf reif geerntetes saisonales und regionales Obst und Gemüse, am besten in Bio-Qualität, denn dort stecken die meisten Vitamine und Aromen drin.

Insbesondere Trinken ist für einen frischen Teint und eine straffe Haut wichtig. Nur mit Flüssigkeit können Haare und Nägel gesund glänzen und kleine Trockenheitsfältchen werden aufgepolstert. Wasser wirkt entgiftend, reguliert die Verdauung und regt den Stoffwechsel an. 2 bis 2,5 Liter Flüssigkeit pro Tag in Form von Wasser oder Tee sind empfehlenswert. Aber auch Suppen, Melone, Gurke und andere wasserreiche Lebensmittel geben dem Körper Feuchtigkeit.

WAS SCHADET UNSEREM GLOW?

Damit der Körper die Möglichkeit bekommt zu entgiften und aufzublühen, sind Alkohol, Kaffee, Nikotin und unnötige Medikamente erst einmal gestrichen. Insbesondere Zucker, Süßigkeiten, Weißmehlprodukte, Fertiggerichte und Fast Food sollten nicht auf dem Speiseplan stehen. Auch Stress belastet den Körper, und das wirkt sich negativ auf unsere Ausstrahlung aus.

ZUCKER MACHT UNS FAHL UND LÄSST UNS ALTERN

Insbesondere ein hoher Zuckerkonsum lässt die Haut schneller altern. Sie wird unrein, entzündet sich und kann Pickel entwickeln. Schuld daran ist ein Prozess, der die Gewebefasern verzuckert. Dieser wird Glykation genannt. Dabei können die Zuckerendprodukte nicht mehr richtig vom Körper abgebaut werden; diese hängen sich an die Fasern und verkleben. Die Fasern verlieren an Elastizität und werden faltiger. So kann ein ständiger hoher Blutzuckerwert das Bindegewebe verkleben und erschlaffen lassen. Zucker hat zudem einen negativen Einfluss auf die Verdauung und kann zu Beschwerden wie Blähungen führen. Verzichten Sie weitgehend auf Zucker sowie auf Weißmehlprodukte, süße Getränke und Fast Food, können Haut- und Darmprobleme verschwinden. Greifen Sie lieber zu komplexen Kohlenhydraten mit vielen Ballaststoffen wie Haferflocken, Trockenobst, frischen Früchten, Quinoa und Hirse. Der Blutzucker- und Insulinspiegel steigt nicht so schnell an, das sättigt besser, regt die Verdauung an und verhindert Heißhunger. Das Bindegewebe bleibt straff und die Haut wirkt frischer und rosiger. Der Darm wird entlastet und kommt wieder ins Gleichgewicht.

STRESS – DER SCHÖNHEITSKILLER

Stress ist der größte Killer für unsere Schönheit. Wer gestresst ist, isst auch meist ungesund und unregelmäßig, außerdem ist der Schlaf unruhiger und kürzer. Die Atmung wird flacher und die Haut und Zellen werden mit weniger Sauerstoff versorgt. Folgen sind Sorgenfalten, fleckige und trockene Haut, Augenringe, schlaffe Haare und ein blasser Teint.

Abhilfe kann eine regelmäßige Entspannung mit Yoga, Atemübungen und Meditation bringen. Bauen Sie täglich eine Einheit davon in Ihren Tag ein. Mehr Gelassenheit und Ruhe entspannt Ihre Konturen und trägt zu einem bewussteren Essverhalten und einem besseren Schlaf bei.

IST DER DARM IN BALANCE, STRAHLEN WIR DAS AUS

Stress und ungesundes Essen kann auch den Darm beeinflussen und Beschwerden hervorrufen. Nährstoffe können nicht gut aufgenommen werden. Ist der Darm im Ungleichgewicht, wirkt sich das auch auf die Schönheit und Ausstrahlung aus. Je nachdem, wie ausgeglichen die Darmflora ist, fühlen wir uns gut oder schlecht. Auch ein Großteil der Abwehrkräfte sitzt im Darm. Mit einer darmfreundlichen und nährstoffreichen Ernährung, regelmäßiger Bewegung und Entspannung können wir viel für einen ausgeglichenen Darm tun. Ein gesunder Darm hält fit, stärkt das Immunsystem und macht schlank. Frisch gereinigt können Leber und Darm wieder die volle Leistung bringen.

GLOW-KUR ALS FIGURFORMER UND FÜR MEHR STRAHLKRAFT

Mit meinen Rezepten kommt Ihre Figur in Form. Leichte Zutaten, viel Eiweiß und knackiges Gemüse straffen Ihre Konturen, reduzieren Ihr Gewicht und lassen Sie schlank aussehen. Haut und Haare werden strahlen und glänzen. Nägel und Haare werden kräftiger und brechen nicht mehr so stark ab. Sie fühlen sich wohl, Ihr Darm läuft rund und Sie sind voller Kraft. Das klappt aber nicht über Nacht. Der Körper benötigt etwas Zeit, um wieder in Balance zu sein. Wie Sie das erreichen können? Mit einer Kur von ein bis zwei Wochen können Sie zu einem verbesserten Lebensgefühl kommen.

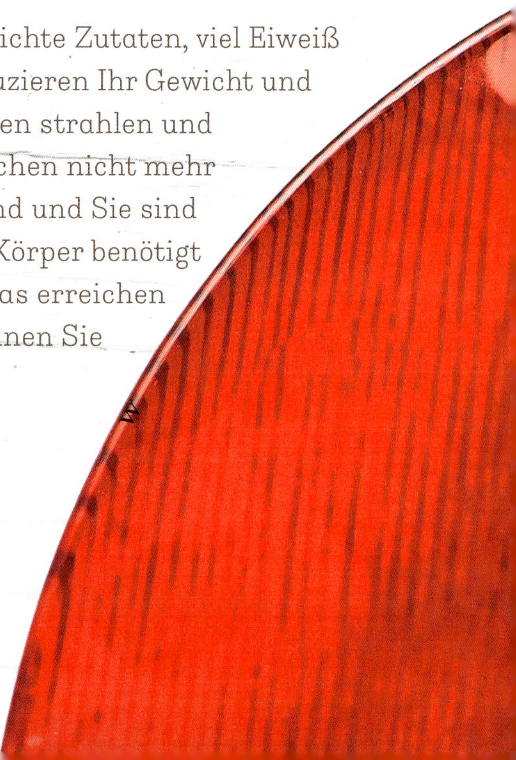

DIE 7-TAGE-GLOW-KUR

Wählen Sie aus den Rezepten drei Hauptmahlzeiten aus und bei Bedarf auch ein bis zwei Snacks. Damit versorgen Sie Ihren Körper regelmäßig, über den Tag verteilt mit den wichtigsten Nährstoffen. Zum Frühstück empfehle ich Ihnen etwas leicht Verdauliches mit viel Energie. Die Gerichte für mittags und abends wirken entschlackend, ohne zu belasten. Tipp: Essen Sie zwischendurch eiweißreiche und kaliumreiche Snacks wie Nüsse, Quark mit Gemüse, Bananen, Trockenobst, Smoothies, Buttermilch oder Joghurt mit Obst. Diese halten den Blutzucker konstant, schützen vor Heißhunger und heben die Stimmung. Mit diesem Plan können Sie Ihre Glow-Kur durchführen. Für jeden Tag habe ich Ihnen verschiedene Speisen ausgesucht. Viele sind auch zum Mitnehmen geeignet und lassen sich gut am Vortag vorbereiten. So fällt es leichter, die Kur in den Tagesablauf einzuplanen.

TAG/ MAHLZEIT	TAG 1	TAG 2	TAG 3	TAG 4	TAG 5	TAG 6	TAG 7
FRÜHSTÜCK SHAPE-	Shape-Müsli	Eier in Avocado, gegart mit Paprikastreifen und Vollkornbrot	Hafer-Porridge mit Zimt und Apfel	Heidelbeer-Smoothie-Bowl mit Hirseflocken	Süßkartoffelschnittchen mit Karotten-Paprika-Hüttenkäse und Rucola	Hirsebrei mit Heidelbeeren und Leinsamen	Chiasamen-Pudding mit Sojajoghurt und Himbeeren
MITTAG	Kohlsalat mit Linsen-Eier-Topping	Pastinaken-Bananen-Curry-Suppe mit Kokos und Kichererbsen	Quinoa-Karotten-Salat mit Aprikosen-Mohn-Dressing und Rucola	Feines Erbsensüppchen mit Radieschen und Mandelmus	Lauwarmer Wurzel-Linsen-Salat mit Passionsfrucht-Dressing	Süßkartoffel-Karotten-Suppe mit Gojibeeren-Mandel-Topping	Kräuter-Hirse-Salat mit Heidelbeer-Dressing
ABENDESSEN	Marinierte Rindfleischstreifen mit Buchweizennudeln, Rotkohl und Ananas	Hafer-Süßkartoffel-Plätzchen mit Brokkoli-Kartoffel-Stampf	Zitronengras-Kokos-Suppe mit Spinat, Brokkoli und Tofu	Ofenlachs mit Aprikosen-Schafskäse-Haube mit Karotten-Quinoa-Gemüse	Cremige Tomaten-Suppe mit Erbsen-Linsenbällchen	Chinakohl-Grapefruit-Avocado-Salat mit Garnelen	Mandel-Linsen-Pfannküchlein gefüllt mit Spinat und Tomaten
SNACK	Buttermilch-Erdbeer-Hafer-Shake mit Aloe Vera	Beauty-Sommerrollen	Spinat-Chiasamen-Papaya-Smoothie	Kichererbsen-Dip mit Sellerie	Rote Bete-Apfel-Orangen-Saft	Basilikum-Buttermilch-Erdbeer-Eis	Lachs-Gurken-canapes

YOGA UND BEWEGUNG ENTSPANNEN UND MACHEN SCHÖN

Während der Kur sind Entspannungsübungen wie Meditation, autogenes Training oder Progressive Muskelentspannung empfehlenswert. Diese bauen Stress ab und helfen Ihnen zu entspannen. Das ist auch gleich im Gesicht erkennbar, und Grübelfältchen werden weniger. Auch ein Bewegungsanteil mit Muskeltraining unterstützt Ihren Stoffwechsel. Die Fettverbrennung wird mobilisiert und Muskelmasse bleibt erhalten. Bewegung regt zudem die Verdauung an und baut den Stress ab. Sie können den Alltag aktiv gestalten, Yoga üben oder ein gezieltes Muskelaufbautraining durchführen.

Insbesondere Yoga hilft für die Ausstrahlung: Yogaübungen und Meditationen regen die Durchblutung an, mobilisieren das Bindegewebe und trainieren die Muskeln. Sie wirken entspannend und bauen Stress ab. Das wirkt sich direkt auf das Äußere aus. Wir sehen gelassener aus und der Körper wird straffer. Durch die vermehrte Sauerstoffzufuhr und Durchblutung werden Schadstoffe im Körper abgebaut und die Organe massiert. Die Haut wirkt rosiger, der Stoffwechsel aktiver und die Silhouette wird straffer. Trainieren und meditieren Sie täglich mindestens 15 Minuten!

DIE WOCHE IST VORBEI, WAS NUN?

Unabhängig davon, ob Sie nun ein oder zwei Wochen die Kur gemacht haben, wäre es prima, wenn das neue Körpergefühl weiter anhält. Das kann ein neuer Startpunkt für eine Ernährungsumstellung sein. Neue Gewohnheiten, die Sie in den Tagen für sich entdeckt haben, können Sie in Ihren Alltag integrieren. Denken Sie darüber nach, welche Komponenten Sie in Zukunft beibehalten möchten, damit Sie sich nicht gleich wieder schlapp und müde fühlen. Essen und leben Sie bewusster. Und beenden Sie die Glow-Kur nicht gleich mit einer fetten Pizza oder einem Burger. Bauen Sie schrittweise andere Lebensmittel wieder in den Speiseplan ein.

ESSEN SIE NACH DER 80:20 REGEL

Bleiben Sie dabei! Sich immer ausgewogen, gesund und nach strengen Regeln zu ernähren, funktioniert in der Realität nicht wirklich. Viel besser ist da die 80:20 Regel, bei der Sie sich zu 80 Prozent gesund und basisch ernähren und zu 20 Prozent das essen, worauf Sie Lust haben. So bleibt der Körper in Balance. Ich gönne mir gerne zwischendurch auch mal mit Genuss Schokolade, Eis oder eine Portion Pasta – aber in Maßen, und ich gleiche das mit Gemüse und Obst aus.

DIE TOP-BEAUTY-INHALTSSTOFFE

VITAMIN A UND BETA-CAROTIN

Das fettlösliche Vitamin A und der Pflanzenfarbstoff Beta-Carotin sorgen für eine gesunde sowie straffe Haut und sind ein natürlicher Sonnenschutz. Beide Stoffe werden für den Erhalt der Haut benötigt und wirken antioxidativ. Sie können freie Radikale, also Stoffwechselprodukte, die unsere Zellen schädigen und den Alterungsprozess der Haut vorantreiben, neutralisieren. So schützen sie die Zellen und halten sie gesund. Vitamin A verleiht der Haut Frische und macht sie schön glatt. Das fettlösliche Vitamin ist wichtig zum Stabilisieren der Zellwände und wird zur Zellerneuerung benötigt. Das Top-Antioxidant wirkt so gegen Falten, Runzeln und ähnliche Unansehnlichkeiten des Älterwerdens. Darüber hinaus stärkt es die Sehkraft und unser Immunsystem. Zudem sorgt Vitamin A für starke Nägel und verhindert Bruch und Trockenheit. Liegt ein Vitamin-A-Mangel vor, kann sich die Haut verdicken und trocken werden.
Top-Lieferanten sind: Eigelb, Feldsalat, Süßkartoffeln, Möhren, Kürbis, Paprika und Brokkoli. Essen Sie immer etwas Fetthaltiges dazu, damit der Körper die Vitamine auch aufnehmen kann. Eine Handvoll Nüsse, ein Dressing oder ein Dip mit Frischkäse sind da gut geeignet.

VITAMIN B UND BIOTIN

Die B-Vitamine sind wichtig für schöne Nägel und Haare. Insbesondere das Vitamin B7, auch Biotin genannt, spielt eine wichtige Rolle bei der Kreatinbildung und wird dafür benötigt, dass die Nägel nicht brüchig werden. Für glänzendes und volles Haar sowie strahlende Haut sorgt Biotin ebenfalls. Stumpfes und dünnes Haar kann Zeichen für einen Mangel sein. Biotin ist beispielsweise in Bananen, Erdbeeren, Spinat, Leber, (gekochten oder erhitzten) Eiern, Haferflocken, Nüssen und Milchprodukten enthalten.

VITAMIN C

Greifen Sie zu viel Obst und Gemüse mit reichlich Vitamin C. Es kann den Aufbau von Stütz- und Bindegewebe unterstützen und sorgt für ein festes Grundgerüst. Das Antioxidant wirkt zellschützend und hautverjüngend. Brokkoli, Kohl, Paprika, Kiwi, Beerenobst und Zitrusfrüchte machen sich daher toll auf dem Speiseplan.
Darüber hinaus pushen Granatapfel, Beeren und Zitrusfrüchte – durch das darin enthaltene Vitamin C – die Stimmung und den Fettstoffwechsel. Vitamin C sorgt dafür, dass Eisen vom Körper gut aufgenommen wird. So kann Sauerstoff ins Gehirn gelangen – das macht wach und leistungsfähig.

VITAMIN E

Ein echtes Beauty-Vitamin ist das Vitamin E. Es wirkt antioxidativ und schützt die Zellen vor Stress und Umwelteinflüssen. Darüber hinaus stärkt es das Immunsystem, verbessert die Hautstruktur und ist wichtig für die Feuchtigkeit. Neben Nüssen und Avocados sind Sonnenblumenkerne, Weizenkeimöl und Haferflocken gute Vitamin E-Quellen.

ZINK

Dieses Spurenelement ist für schöne Nägel und kräftige Haare wichtig. Es stärkt das Immunsystem, wirkt antioxidativ und beschleunigt die Wundheilung. Ohne Zink funktioniert unser Stoffwechsel nicht richtig. Kombinieren Sie außerdem eiweißreiche und Vitamin-C-haltige Speisen mit dem Mineralstoff Zink. Diese Kombination wird für die Kollagenbildung benötigt. Zink ist in Haferflocken, Kürbiskernen, Käse, Rindfleisch, Paranüssen, Linsen und Erdnüssen enthalten.

EISEN

Der Beauty-Mineralstoff Eisen ist notwendig für die Blutbildung und für den Sauerstofftransport. Zudem strafft er das Bindegewebe und ist ein wichtiger Bestandteil für gesunde Nägel. Liegt ein Mangel vor, ist das an einer blassen und fahlen Haut, Augenringen, Haarausfall und eingerissenen Mundwinkeln erkenn-

bar. Wer reichlich Eisen aufnimmt, fühlt sich fit, leistungsfähig und hat eine frische Ausstrahlung. Top-Eisen-Lieferanten sind Rindfleisch, Hirse, grünes Gemüse, Kräuter, Trockenobst und Hülsenfrüchte.

KALZIUM

Besonders die kalziumreichen Lebensmittel, wie Brokkoli, grüne Salate, Kräuter, Haferflocken, Sesam, Mandeln, fettarme Milchprodukte und kalziumreiches Mineralwasser (> 150 mg Kalzium pro 1 Liter Wasser) sollten reichlich verzehrt werden. Der Körper benötigt etwa 1.000 mg am Tag von diesem Mineralstoff. Er festigt Knochen und Zähne und verleiht uns ein schönes Lächeln. Liegt ein Kalziummangel vor, wird die Fettverbrennung behindert und die Bildung von Speckröllchen ist vorprogrammiert. Eine ausreichende Kalziumversorgung hingegen kurbelt den Stoffwechsel an und unterstützt die Fettverbrennung. Der Mineralstoff hilft so, das Gewicht zu kontrollieren und unliebsame Fettpölsterchen abzubauen.

MAGNESIUM

Stress wirkt sich negativ auf unser Gemüt und auch auf unseren Körper aus. Der Stresskiller-Mineralstoff Magnesium dämpft die Folgen von Stresshormonen. Das macht uns ausgeglichener und lässt uns besser abschalten. Das zeigt sich auch an unserem Aussehen. Viel Magnesium steckt in Bananen, Kakao, Vollkornprodukten, Sojabohnen, Kürbiskernen und Sesam.

KALIUM

Kalium ist ein richtiger Detox-Mineralstoff, der beim Entwässern und Entgiften hilft. Das wirkt sich positiv auf die Verdauung, die Entgiftungsorgane, den Stoffwechsel und den Blutdruck aus. Zudem festigt Kalium das Unterhautgewebe und schafft Entspannung. Wer Kalium isst, ist auch weniger reizbar und ruhiger. Kaliumreiche Lebensmittel sind Avocados, Nüsse, Aprikosen, Bananen, Trockenobst, Spinat und Kartoffeln.

SILIZIUM

Auch der Mineralstoff Silizium ist wichtig für ein straffes sowie elastisches Bindegewebe und wird in den Knochen abgespeichert. Es ist an der Bildung von Kollagen und Elastin beteiligt, die für straffe Konturen sorgen. Unser Körper braucht es, um die Nägel zu stärken. Gute Lieferanten sind Hirse, Hafer, grüne Bohnen, Obst und Gemüse.

KUPFER

Kupfer gilt als Schön- und Fitmacher, denn es ist an der Entstehung von Kollagen sowie Elastin im Bindegewebe beteiligt und zaubert somit eine straffe, geschmeidige Haut. Auch zur Bildung von Melanin in der Haut und zur Pigmentbildung der Haare wird Kupfer benötigt. Es steckt in den meisten Antikörpern, stärkt somit die körpereigene Abwehr und schützt unsere Zellen vor der Zerstörung durch Oxidation. Kupferreiche Lebensmittel sind Pilze, Fleisch, Fisch, Schokolade, Haferflocken, Nüsse, Linsen und Birnen.

EIWEIß UND AMINOSÄUREN

Bei der Beauty-Ernährung sind essentielle Aminosäuren wichtig, da sie bei der Synthese und zur Herstellung von Kollagen benötigt werden. Zudem wirken sie positiv auf die Muskelkraft, den Energiestoffwechsel und das Immunsystem. Darüber hinaus fördert eine ausreichende Eiweißzufuhr einen aktiven Stoffwechsel und die Fettverbrennung. Eiweiß macht satt – und das nachhaltig. So hilft Eiweiß bei der Gewichtsreduzierung und sorgt für straffe Konturen. Eiweißreiche Lebensmittel sind Fleisch, Fisch, Hülsenfrüchte, Milchprodukte, Eier, Vollkornprodukte, Tofu und Nüsse.

FETTE

Bei den Fetten sind die ungesättigten Fettsäuren wichtig für die Schönheit und einen gesunden Körper. Sie landen nicht direkt auf den Hüften, sondern sind Motor für zahlreiche Stoffwechselvorgänge. Die essentiellen Fettsäuren wie die Omega-3-Fettsäuren wirken entzündungshemmend und sorgen für einen schönen Teint. Bevorzugen Sie pflanzliche Öle wie Raps-, Oliven-, Kokos- oder Nussöle.

Frühstück, Smoothies & Drinks

Schon der Morgen kann mit vielen Vitaminen, Mineralstoffen und sekundären Pflanzenstoffen beginnen. Das geht wunderbar mit Müsli, Porridge, Smoothies und Drinks. Vollgepackt mit Gemüse, Obst, Getreide und Milchprodukten erfreuen diese Rezepte die Zellen mit einer Frischekur.

Shape-Müsli

ZUBEREITUNGSZEIT
15 Minuten

ZUTATEN FÜR 2 PERSONEN
4 EL Hirseflocken
2 EL gepuffter Amarant
2 EL Sojaflocken
6 grob gehackte Mandelkerne
je 1 Prise Vanillepulver und Zimt
3 frische Aprikosen
100 g Beerenobst
300 g Skyr
einige Minzeblätter

Hirseflocken, Amarant, Sojaflocken, Mandeln und Gewürze mischen. Die Aprikosen und die Beeren waschen, die Aprikosen entkernen und in Spalten schneiden. Die Müslimischung mit den Aprikosen, den Beeren, dem Skyr und der Minze servieren.

TIPPS

Dieses Powerfrühstück enthält durch den isländischen Skyr besonders viel Eiweiß und Kalzium. Das strafft den Körper und nährt die Muskeln. Die Beeren strotzen vor Antioxidantien, die zellschützend und als Anti-Aging-Mittel wirken.

SKYR, der traditionelle Joghurt aus Island, ist auch bei uns im Kühlregal angekommen. Er enthält neben viel Eiweiß reichlich Kalzium. Liegt ein Kalziummangel vor, wird die Fettverbrennung behindert und die Bildung von Speckröllchen ist vorprogrammiert. Eine ausreichende Kalziumversorgung kurbelt den Stoffwechsel an und unterstützt die Fettverbrennung. Der Mineralstoff hilft damit, das Gewicht zu kontrollieren, und bringt Erfolg bei dem Abbau der unliebsamen Fettpölsterchen.

Eier in Avocado

GEGART MITPAPRIKASTREIFEN UND VOLLKORNBROT

ZUBEREITUNGSZEIT
15 Minuten

ZUTATEN FÜR 2 PERSONEN

- 1 Avocado
- 1 Spritzer Zitronensaft
- 2 kleine Bio-Eier
- Meersalz und frisch gemahlener Pfeffer
- 1 Prise Chiliflocken
- 1 rote Paprikaschote
- 2 Scheiben Dinkelvollkornbrot

Den Backofen auf 200 °C (Umluft 180 °C) vorheizen. Die Avocado halbieren, entkernen und mit Zitronensaft beträufeln. Die Eier in die Kuhle des Kerns gleiten lassen. Mit Salz, Pfeffer und Chiliflocken würzen. Die Avocadohälften in eine kleine Auflaufform setzen und ca. 15–20 Minuten im Ofen backen.

Die Paprika putzen, waschen und in Streifen schneiden. Die Avocado mit den Paprikastreifen und dem Brot servieren.

TIPP Die *AVOCADO* ist zwar reich an Fett, doch diese sind größtenteils gesunde und ungesättigte Fettsäuren, die entzündungshemmend und blutfettsenkend wirken. Avocados strotzen vor Antioxidantien, B-Vitaminen, Vitamin A, C und E. Zudem sind in der grünen basischen Frucht Mineralstoffe wie Kalium, Kupfer und Magnesium enthalten. Das Vitamin E fördert die Elastizität der Haut. Die Inhaltsstoffe der Avocado wirken antioxidativ, regenerierend und machen die Haare stärker.

Hafer-Porridge

ZUBEREITUNGSZEIT
15 Minuten

ZUTATEN FÜR 2 PERSONEN
1 Apfel
300 ml Haferdrink
80 g kernige Haferflocken
1 Prise Zimtpulver
1 EL Chiasamen
1 EL geschrotete Leinsamen
1 EL gehackte Mandeln

MIT ZIMT UND APFEL

Den Apfel waschen, halbieren, entkernen und in Würfel schneiden. Den Haferdrink mit den Haferflocken, den Apfelwürfeln und dem Zimt in einem Topf aufkochen und ca. 2 Minuten köcheln lassen. Anschließend vom Herd nehmen und ca. 10 Minuten quellen lassen. Die Chia- und Leinsamen untermischen. Die Mandeln trocken in einer Pfanne anrösten. Die Mandeln über den Porridge geben und servieren.

TIPPS

HAFERFLOCKEN sind leicht verdaulich und vitalstoffreich: Die B-Vitamine kräftigen Haut, Haare und Nägel. Das Zink wirkt wundheilend und dem Haarausfall entgegen. Kupfer, der Schönheitsstoff, sorgt für straffes Bindegewebe und eine gute Pigmentierung der Haut. Die enthaltenen wertvollen Ballaststoffe regen die Verdauung an und sättigen gut.

Hirsebrei

MIT HEIDELBEEREN UND LEINSAMEN

ZUBEREITUNGSZEIT
10 Minuten

ZUTATEN FÜR 2 PERSONEN
80 g Hirseflocken
je 1 Prise Vanille- und Kurkumapulver
200 ml Mandelmilch
1 EL geschrotete Leinsamen
1 EL Agavendicksaft
100 g Heidelbeeren
1 EL Mandel- oder Cashewmus

Die Hirseflocken mit dem Vanille- und dem Kurkumapulver vermischen und mit der Mandelmilch etwa 5–10 Minuten kochen. Anschließend zugedeckt quellen lassen. Den Hirsebrei mit den Leinsamen und dem Agavendicksaft vermengen. Die Heidelbeeren waschen und den Brei mit den Beeren und dem Mandelmus servieren.

TIPP

HEIDELBEEREN Die kleinen, runden, kalorienarmen Beeren werden gerne auch als Superfood bezeichnet – und das hat viele Gründe. Blaubeeren enthalten reichlich Vitamin C, Carotinoide, Magnesium, Eisen und Vitamin B6. Zudem besitzen die Beeren einen hohen Anteil an sekundären Pflanzenstoffen. Es wurde festgestellt, dass in 100 g Früchten ca. 600 bis 1.400 mg Flavonoide, eine Gruppe der sekundären Pflanzenstoffe, enthalten sind. Somit ist die Blaubeere eine der Früchte mit den meisten Antioxidativen. Insbesondere die dunkelblauen Farbpigmente Anthocyane wirken entzündungshemmend und fangen freie Radikale ab. Das wiederum beugt der Hautalterung und Faltenbildung vor, stärkt das Immunsystem und schützt vor Herz-Kreislauf-Erkrankungen.

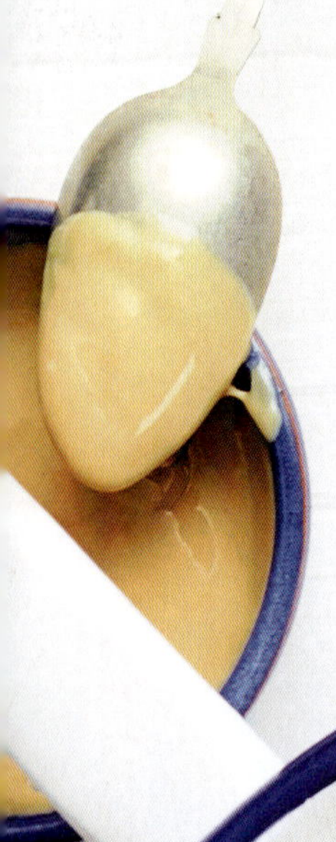

Heidelbeer-Smoothie-Bowl

MIT HIRSEFLOCKEN

ZUBEREITUNGSZEIT
15 Minuten

ZUTATEN FÜR 2 PERSONEN
1 Banane
100 g Heidelbeeren
100 g Seidentofu
1 TL Leinöl
1 TL Limettensaft
60 g Hirseflocken
je 1 TL Sesam- und Chiasamen sowie Kürbiskerne

Die Banane schälen und in Scheiben schneiden. Die Beeren waschen. Einige Bananenscheiben und Beeren beiseitelegen. Das restliche Obst mit dem Seidentofu, 50 ml Wasser, Öl und Saft in einem Standmixer fein pürieren und in zwei Bowls (Schalen) geben.
Die Hirseflocken mit den Samen und den Kernen vermischen. Den Mix in einer Pfanne kurz trocken anrösten. Den Müsli-Mix über den Smoothie streuen und mit dem restlichen Obst servieren.

Übrigens sorgen die ungesättigten Fettsäuren der Kerne und Samen sowie des Öls für die Bildung von Kollagen als Bestandteil des Bindegewebes. Das sorgt für straffe Haut und wirkt als Anti-Aging-Mittel.

TIPPS

CHIASAMEN Die kleinen Powerpakete liefern viel Eisen, Kalzium, Omega-3-Fettsäuren und Aminosäuren. Zudem besitzen Chiasamen einen hohen Gehalt an Antioxidantien. Diese schützen die Zellen und wirken als Anti-Aging-Mittel für eine schöne Haut.

Süßkartoffel-schnittchen

MIT KAROTTEN-PAPRIKA-HÜTTENKÄSE UND RUCOLA

ZUBEREITUNGSZEIT
15 Minuten

ZUTATEN FÜR 2 PERSONEN
- 1 Süßkartoffel (300 g)
- 1 Karotte
- 120 g Hüttenkäse, 10 Prozent Fett i. Tr.
- ½ rote Paprikaschote
- 1 Prise Paprikapulver
- Meersalz und frisch gemahlener Pfeffer
- 1 Handvoll Rucola

Die Süßkartoffel schälen, in 6 dünne Scheiben schneiden. Die Scheiben in einem Toaster zweimal auf höchster Stufe toasten oder im Ofen 10 Minuten bei 200 °C backen. Die Karotte schälen, fein reiben und mit dem Hüttenkäse vermengen. Die Paprikaschote putzen, waschen und in kleine Würfel schneiden. Die Würfel unter den Hüttenkäse mischen. Mit Paprikapulver, Salz und Pfeffer würzen. Den Rucola waschen und trocken schütteln. Die Süßkartoffelscheiben mit Karotten-Paprika-Hüttenkäse bestreichen und mit Rucola bestreut servieren.

TIPPS

In den SÜßKARTOFFELN stecken jede Menge Antioxidantien wie Vitamin A und Beta-Carotin. Diese Stoffe wirken zellschützend, hautstärkend und -straffend. Auch das Wachstum der Nägel wird dadurch angeregt. Durch die enthaltenen Mineralstoffe Magnesium, Kupfer, Kalium und Eisen wirkt das Gemüse basisch.

Der körnige Frischkäse, auch HÜTTENKÄSE genannt, ist bei Sportlern sehr beliebt. Auch er besitzt jede Menge hochwertiges Eiweiß, was insbesondere für den Muskelaufbau wichtig ist. Ein Shake oder Snack mit Hüttenkäse nach dem Training versorgt unsere Muskulatur gleich mit der passenden Nahrung. Insbesondere das enthaltene Kalzium ist wichtig, denn Kalzium ist wie Magnesium für die Nervenreiz-Übertragung und die Muskelkontraktion nötig.

Bauchschmeichler-Quark

ZUBEREITUNGSZEIT
10 Minuten

FÜR 2 PERSONEN
150 g Magerquark
50 g stichfester Joghurt
2 TL Leinöl
1 Prise Vanillepulver
60 g zarte Haferflocken
1 EL geschrotete Leinsamen
1 EL Sesamsamen
1 weiche Birne
100 g Brombeeren

MIT LEINÖL, BIRNE, LEINSAMEN UND BROMBEEREN

Quark mit Joghurt, 4 EL Wasser, Öl und Vanille glatt rühren. Die Flocken und die Samen vermischen. Das Obst putzen, waschen und alles zusammen anrichten.

TIPP

Der Quark ist wohltuend für Magen und Darm und sättigt gut und lang anhaltend. Birnen und Haferflocken sind sehr kupferreich. Dieses lebensnotwenige Spurenelement ist an der Entstehung von Kollagen sowie Elastin im Bindegewebe beteiligt und zaubert somit eine straffe, geschmeidige Haut.

BEAUTY-TIPP

QUARK-OLIVEN-MASKE Zutaten für eine Gesichts- und Dekolleté-Behandlung: 1 EL Quark und 1 TL natives Olivenöl miteinander vermischen, auf die gereinigte Haut auftragen und 10–15 Minuten einwirken lassen. Mit einem Kosmetiktuch oder lauwarmem Wasser abtupfen.

Chiasamen-Pudding

ZUBEREITUNGSZEIT
ca. 15 Minuten,
Quellzeit ca. 60 Minuten

ZUTATEN FÜR 2 PERSONEN
1 EL Chiasamen
100 ml Sojadrink
1 Prise Zimtpulver
125 g Himbeeren
4 EL zarte Haferflocken
1 EL geschrotete Leinsamen
200 g Sojajoghurt

MIT SOJAJOGHURT UND HIMBEEREN

Die Chiasamen in einem hohen Gefäß mit dem Sojadrink und dem Zimt verrühren. Im Kühlschrank mindestens 1 Stunde quellen lassen. Nach 15 und nach 30 Minuten jeweils gut durchrühren, damit die Samen keine Klümpchen bilden.
Währenddessen die Beeren waschen, putzen und klein schneiden. Die Flocken und Samen in einer Pfanne anrösten. Den Chiasamen-Pudding noch einmal gut durchrühren. Abwechselnd mit Obst, Flocken-Samen-Mix und Joghurt in Gläser oder Schälchen schichten, dabei mit dem Obst und den Flocken-Samen-Mix enden.

TIPP

Die eiweißreiche SOJABOHNE ist Grundzutat für verschiedene Produkte, wie Sojadrink, Tofu oder Sojajoghurt. Soja enthält mehrfach ungesättigte Fettsäuren, verschiedene B-Vitamine und Vitamin E sowie Kalzium und Eisen – so wird die Bohne zu einem echten Schönheitsmittel. Insbesondere die Isoflavone machen Soja zu einem echten Beauty-Wunder, da der hormonähnliche Stoff die Kollagenproduktion im Körper anregt und so für pralle Haut sorgt.

Buttermilch-Erdbeer-Hafer-Shake

ZUBEREITUNGSZEIT
10 Minuten

ZUTATEN FÜR 2 PERSONEN
300 g Erdbeeren
(tiefgekühlt oder frisch)
2 EL Instant-Haferflocken
1 Msp. Vanillepulver
250 ml Buttermilch
50 ml Aloe-Vera-Saft

MIT ALOE VERA

Die Erdbeeren auftauen oder putzen und waschen. Erdbeeren, Haferflocken, Vanille, Buttermilch und Saft in einen Standmixer geben und alles fein pürieren.

TIPP

Die dickfleischige Wüstenpflanze ALOE VERA spendet nicht nur viel Feuchtigkeit, sondern hilft auch bei Magen-Darm-Beschwerden. Vorsicht: Die Blattrinde der Pflanze enthält den Bitterstoff Aloin. Dieser kann abführend wirken und bei einer Überdosis Aloin kann es zu schwerwiegenden Folgen kommen.
Bei der Herstellung des Saftes werden aber durch ein technologisches Verfahren die negativen Inhaltsstoffe entfernt.

Spinat-Chiasamen-Papaya-Smoothie

ZUBEREITUNGSZEIT
ca. 10 Minuten

ZUTATEN FÜR 2 PERSONEN
1 Grapefruit
1 Handvoll Babyspinat
100 g Papayafruchtfleisch
2 TL Chiasamen

Den Saft der Grapefruit auspressen. Den Saft mit dem Spinat, der Papaya und 1 TL Chiasamen in einem Standmixer pürieren. Smoothie in Gläser füllen und mit den restlichen Chiasamen bestreut servieren.

TIPPS

PAPAYA Das Schlankobst ist reich an dem Enzym Papain, das die Eiweißverdauung unterstützt und die Fettverbrennung ankurbelt.
Nehmen Sie Medikamente, sollten Sie *GRAPEFRUIT* vermeiden, denn die Frucht kann Wechselwirkungen verursachen.
Verwenden Sie stattdessen Orangen.

Rote-Bete-Apfel-Orangen-Saft

ZUBEREITUNGSZEIT
ca. 10 Minuten

ZUTATEN FÜR 2 PERSONEN
4 Rote-Bete-Knollen
2 Äpfel
2 Bio-Orangen
1 TL Leinöl

Die Rote-Bete-Knolle waschen und vierteln. Die Äpfel waschen, putzen und vierteln. Die Orangen schälen und klein schneiden. Alles mit einem Entsafter entsaften und mit dem Öl vermischen.

TIPP

ROTE BETE ist bestens für den Entsafter geeignet. Dazu brauchen Sie die Knollen nur putzen bzw. waschen und nicht schälen. Besonders in der Schale sitzen jede Menge Vitalstoffe. Durch das enthaltene Nitrat in den roten Knollen können sich die Blutgefäße erweitern. Dadurch werden die Durchblutung und die Sauerstoffversorgung verbessert, was für einen rosigen Teint sorgt.

Detox-Ingwer-Minze-Wasser

ZUBEREITUNGSZEIT
ca. 5 Minuten +
30 Minuten Ziehzeit

ZUTATEN FÜR 1 KRUG:
600 ml Leitungswasser
2 EL Zitronensaft
1 Ingwerknolle (3 cm)
¼ Gurke
2 Zweige Minze

Das Wasser und den Zitronensaft in einen Krug füllen. Den Ingwer, die Minze und die Gurke waschen. Den Ingwer und die Gurke in Scheiben schneiden. Alles zum Wasser geben, im Kühlschrank ca. 30 Minuten ziehen lassen und genießen.

TIPPS

Mit kohlensäurehaltigem Mineralwasser und Crushed-Eis wird der Drink noch erfrischender.

INGWER Die Knolle enthält ätherische Öle und Scharfstoffe, die für den frisch-scharfen Geschmack und die durchblutungsfördernde und kreislaufanregende Wirkung verantwortlich sind. Das Kauen auf einer Scheibe Ingwer kann Magen-Darm-Beschwerden verringern. Desweiteren soll Ingwer bei Muskelschmerzen und Rheuma schmerzlindernd wirken. Übrigens: Für Menschen mit Bluthochdruck ist Ingwer in größeren Mengen nicht gut geeignet, da er den Blutdruck erhöhen kann. Der brennend-scharfe, leicht süßliche und aromatische Geschmack peppt jedes Getränk auf.

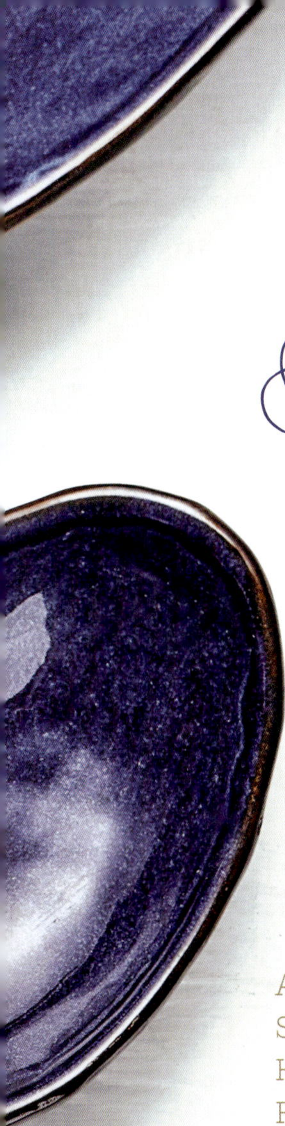

Kalte & warme Köstlichkeiten

Am Tag empfehle ich eine warme und eine kalte Mahlzeit. Suppen und gekochte Speisen wärmen von innen und geben dem Körper Nährstoffe, die durchs Kochen freigesetzt werden. Frische Salate sind knackig und enthalten reichlich Vitalstoffe.

Kohlsalat

MIT LINSEN-EIER-TOPPING

ZUBEREITUNGSZEIT
ca. 20 Minuten

ZUTATEN FÜR 2 PERSONEN
100 g Paradinalinsen
2 Bio-Eier
200 g Weißkohl
100 g Grünkohl
10 g Walnusskerne
2 EL Olivenöl
1 EL Zitronensaft
Meersalz und
frisch gemahlener Pfeffer
1 Prise getrockneter Thymian
1 EL Kresse

Die Linsen mit der doppelten Menge Wasser ca. 20 Minuten weich garen. Abkühlen lassen.
Die Eier in kochendem Wasser ca. 7 Minuten kochen und mit kaltem Wasser abschrecken. Den Weiß- und Grünkohl gründlich waschen, klein schneiden und vermischen. Die Walnusskerne grob hacken und in einer Pfanne trocken anrösten.
Das Öl mit Zitronensaft verquirlen, mit Salz, Pfeffer und Thymian würzen. Die Eier schälen und vierteln. Den Kohl mit den Linsen, Eiervierteln und den Nüssen auf Tellern anrichten. Mit dem Dressing und mit der Kresse bestreut servieren.

TIPPS

Das Wintergemüse *KOHL* ist eine echte Vitamin-C-Bombe. In 100 g Grünkohl ist doppelt so viel von diesem Vitamin enthalten wie in 100 g Zitronen. Vitamin C stärkt unser Immunsystem und wirkt antioxidativ. Die *EIER* enthalten reichlich Biotin, das für starke Nägel und Haare sorgt. Darüber hinaus sättigt das hochwertige Eiweiß gut und macht schlank und fit.

VARIANTE: Ist gerade keine Grünkohlzeit, schmeckt der Salat auch hervorragend mit Spinat oder Wirsing.

Spargelsalat

MIT MOZZARELLA, ERBSEN UND HIMBEERDRESSING

ZUBEREITUNGSZEIT
ca. 20 Minuten

ZUTATEN FÜR 2 PERSONEN
1 Bund weißer Spargel
3 EL Olivenöl
3 Zweige Zitronenthymian
Meersalz und
frisch gemahlener Pfeffer
100 g Erbsen (TK)
1 EL Zitronensaft
½ TL getrocknete
Lavendelblüten
125 g Himbeeren
120 g Büffelmozzarella
1 EL Kresse

Den Spargel putzen, schälen, waschen und in Stücke schneiden. 1 EL Öl in einer Pfanne erhitzen. Den Spargel darin ca. 10 Minuten anbraten und dabei immer wieder umrühren. Den Zitronenthymian waschen.
Den Spargel mit der Hälfte des Thymians, Salz und Pfeffer würzen. Die Erbsen ca. 5 Minuten in Wasser kochen, abgießen und abkühlen lassen. Das restliche Öl mit dem Zitronensaft verquirlen, den restlichen Thymian, die Lavendelblüten und die Hälfte der Himbeeren untermischen. Mit Salz und Pfeffer würzen. Den Mozzarella mit den Fingern auseinander pflücken. Den Spargel mit den Erbsen und dem Dressing vermengen, den Mozzarella und die übrigen Himbeeren darübergeben und mit der Kresse bestreut servieren.

TIPPS

ERBSEN enthalten wertvolle Inhaltsstoffe wie Kalzium, Magnesium, Eisen und Zink sowie Eiweiß und Ballaststoffe. Verwenden Sie bei dem Lavendel nur Blüten aus dem Bio-Laden oder Gewürzhandel. Diese sind zum Verzehr geeignet.

BEAUTY-TIPP: MEERSALZ-LAVENDEL-ÖL-PEELING
Zutaten für ein Glas à 150 ml: 3 EL feinkörniges Meersalz, 1 EL Lavendelblüten, 2 EL Kokosöl, 1 EL natives Olivenöl
Alle Zutaten gut miteinander vermischen, in das Glas füllen und als Duschpeeling verwenden.

Quinoa-Karotten-Salat

MIT APRIKOSEN-MOHN-DRESSING UND RUCOLA

ZUBEREITUNGSZEIT
ca. 25 Minuten

ZUTATEN FÜR 2 PERSONEN
100 g Quinoa
2 Karotten
50 g Rucola
150 g Kichererbsen (Dose)
4 getrocknete Aprikosen
3 EL Olivenöl
2 EL Orangensaft
1 EL Mohnsamen
Meersalz und
frisch gemahlener Pfeffer
getrockneter Thymian

Die Quinoa mit der 2,5-fachen Menge Wasser ca. 15–18 Minuten weich garen und anschließend abkühlen lassen. Die Karotten schälen und grob raspeln. Den Rucola waschen und trocken schütteln. Die Kichererbsen abtropfen lassen. Die Quinoa, das Gemüse und die Kichererbsen miteinander vermengen. Die Aprikosen in feine Würfel schneiden. Das Olivenöl mit dem Orangensaft verquirlen, mit den Aprikosen und den Mohnsamen vermengen. Mit Salz, Pfeffer und Thymian würzen. Die Salatzutaten mit dem Dressing vermengen und servieren.

TIPPS

QUINOA Das glutenfreie Pseudogetreide enthält die essentielle Aminosäure Lysin. Lysin sorgt für feste Haare und ist wichtig für die Kollagenbildung in der Haut.

RUCOLA Durch die enthaltenen Senföle regt Rucola die Verdauung an und wirkt zudem entwässernd. Wählen Sie Freiland-Rucola aus biologischem Anbau, denn dann ist der Nitratgehalt meist niedriger.

Lauwarmer Wurzel-Linsen-Salat

MIT PASSIONSFRUCHT-DRESSING

ZUBEREITUNGSZEIT
ca. 30 Minuten

ZUTATEN FÜR 2 PERSONEN
50 g Paradinalinsen
1 Süßkartoffel
1 Karotte
3 EL Olivenöl
20 g gehackte Walnüsse
Meersalz und
frisch gemahlener Pfeffer
gemahlener Kreuzkümmel
2 Handvoll Rucola
1 Passionsfrucht
1 EL Zitronensaft
1 TL Honig
1 Msp. Kurkumapulver
¼ TL getrocknete Lavendelblüten

Die Linsen mit der doppelten Menge Wasser ca. 20 Minuten weich garen, abgießen und abkühlen lassen. Die Süßkartoffel und die Karotte schälen und in Würfel schneiden. 1 EL Öl in einer Pfanne erhitzen und das Gemüse darin anbraten. Die Nüsse zugeben und weitere 7 Minuten dünsten. Die Linsen zugeben und mit Salz, Pfeffer und Kreuzkümmel würzen. Den Rucola waschen und trocken schütteln. Die Passionsfrucht halbieren und mit einem Löffel das Fruchtfleisch aus der Schale löffeln. Das restliche Öl mit dem Zitronensaft und dem Honig verquirlen. Mit Salz, Pfeffer und Kurkuma würzen. Die Lavendelblüten und das Passionsfruchtfleisch untermischen. Den Rucola in zwei Schalen geben. Den Linsen-Mix darübergeben und mit dem Dressing beträufeln.

TIPPS

PASSIONSFRÜCHTE Die aromatischen Passionsfrüchte, auch Maracuja genannt, enthalten jede Menge muskel- und nervenstärkendes Magnesium, knochenfestigendes Kalzium und das zellschützend und immunstärkend wirkende Vitamin C. Der ebenfalls vorhandene Phosphor ist wichtig für die Energiegewinnung und den Zellaufbau.

Bunte Gemüse-Bowl

ZUBEREITUNGSZEIT
40 Minuten

ZUTATEN FÜR 2 PERSONEN
- 200 g Hokkaidokürbis
- 200 g Süßkartoffeln
- 100 g Brokkoli
- 2 Frühlingszwiebeln
- 3 EL Olivenöl
- Meersalz und
- frisch gemahlener Pfeffer
- ½ TL gemahlener Kreuzkümmel
- 1 Ingwerknolle (1 cm)
- 2 EL Limettensaft
- 1 TL Honig
- 50 g Babyspinat
- 2 EL Kürbiskerne
- 2 EL Granatapfelkerne

Den Kürbis putzen, waschen, entkernen, in Scheiben und dann in Stücke schneiden. Die Süßkartoffeln schälen und in kleine Würfel schneiden. Den Brokkoli putzen, waschen und in kleine Röschen teilen. Die Frühlingszwiebeln putzen, waschen und in Ringe schneiden.

1 EL Öl in einer Pfanne erhitzen, das Gemüse anbraten und ca. 10 Minuten dünsten. Das Gemüse mit Salz, Pfeffer und ¼ TL Kreuzkümmel würzen.

Den Ingwer schälen und fein hacken. Das restliche Öl mit Limettensaft, Ingwer und Honig vermischen, mit Salz und Pfeffer würzen. Den Spinat waschen und trocken schütteln.

Die Kürbiskerne und ¼ TL Kreuzkümmel in einer Pfanne trocken anrösten.

Das Gemüse und den Spinat in zwei Bowls geben, mit dem Dressing beträufeln und mit den Kürbiskernen und Granatapfelkernen bestreut servieren

TIPP

Der dekorative und fruchtig-süße *GRANATAPFEL* enthält besonders viele sekundäre Pflanzenstoffe, vor allem Flavonoide und Polyphenole. Sie wirken antioxidativ, antientzündlich und positiv auf das Herz-Kreislauf-System.

Kräuter-Hirse-Salat

MIT HEIDELBEER-DRESSING

ZUBEREITUNGSZEIT
ca. 20 Minuten

ZUTATEN FÜR 2 PERSONEN
150 g Hirse
½ Bund Blattpetersilie
1 Bund Rucola
1 Handvoll Basilikum
100 g Heidelbeeren
2 EL Walnussöl
2 EL Limettensaft
1 EL Honig
Meersalz und
frisch gemahlener Pfeffer
2 EL Pinienkerne

Die Hirse mit der doppelten Menge Wasser etwa 20 Minuten bissfest garen und auskühlen lassen. Die Kräuter waschen, trocken schütteln und fein hacken. Die Heidelbeeren waschen. Das Öl mit dem Limettensaft, dem Honig und den Heidelbeeren vermischen. Mit Salz und Pfeffer würzen. Die Hirse mit einer Gabel auflockern, die Kräuter und das Dressing unterheben. Pinienkerne in einer Pfanne trocken anrösten und auf dem Salat verteilen.

TIPPS

HIRSE Das Getreide ist reich an Eisen, Silizium und Magnesium. Eisen ist wichtig für den Sauerstoff im Blut, für die Blutbildung und Leistungsfähigkeit. Ein Mangel macht uns müde, schlapp und blass. Das *SILIZIUM*, auch Kieselerde genannt, wirkt als Schönheitselixier. Es stärkt Haare und Fingernägel und strafft das Bindegewebe.

Chinakohl-Grapefruit-Avocado-Salat

MIT GARNELEN

ZUBEREITUNGSZEIT
ca. 20 Minuten

ZUTATEN FÜR 2 PERSONEN
1 Grapefruit
1 Avocado
50 g Chinakohl
2 Frühlingszwiebeln
3 EL Olivenöl
2 EL Zitronensaft
1 TL Honig
Meersalz und
frisch gemahlener Pfeffer
200 g küchenfertige
Garnelen, geschält und
entdarmt
Chiliflocken
2 EL gehackter Dill

Die Schale der Grapefruit mit einem scharfen Messer ringsum abschneiden. Die Fruchtfilets aus den Trennhäuten schneiden und dabei den Saft auffangen. Die Avocado halbieren, den Stein entfernen und das Fruchtfleisch mit einem Löffel aus der Schale heben. Das Avocadofruchtfleisch in Streifen schneiden. Den Chinakohl waschen, trocken schütteln und in Streifen schneiden. Die Frühlingszwiebeln putzen, waschen und in feine Ringe schneiden. 2 EL Öl mit 1 EL Zitronensaft, dem aufgefangenen Grapefruitsaft und dem Honig verquirlen und mit Salz und Pfeffer würzen. Die Garnelen mit kaltem Wasser abspülen und trocken tupfen. Das restliche Öl in einer Pfanne erhitzen und die Garnelen von allen Seiten 5–7 Minuten anbraten, mit Salz, Pfeffer und Chili würzen. Den Salat auf zwei Teller verteilen. Die Grapefruitfilets mit der Avocado vermengen. Auf dem Salat anrichten. Die Frühlingszwiebelringe darüberstreuen, die Garnelen darübergeben und mit dem Dressing beträufeln. Mit Dill betreut servieren.

TIPP

GRAPEFRUIT Die herb-süßen Zitrusfrüchte enthalten Bitterstoffe, den Ballaststoff Pektin und Vitamin C. Der Ballaststoff reguliert die Verdauung und senkt den Cholesterinspiegel. Die Bitterstoffe sind richtige Appetitbremsen und wirken gegen Heißhunger. Zudem haben sie gute Effekte auf den Magen-Darm-Trakt und sind wichtig für die Fettverdauung.

125ml

Süßkartoffel-Karotten-Suppe

MIT GOJIBEEREN-MANDEL-TOPPING

ZUBEREITUNGSZEIT
ca. 30 Minuten

ZUTATEN FÜR 2 PERSONEN
200 g Süßkartoffeln
200 g Karotten
1 Ingwerknolle (1 cm)
1 EL Kokosöl
200 ml Gemüsebrühe
30 g gehobelte Mandeln
2 EL Gojibeeren
200 ml Kokosmilch
Meersalz und
frisch gemahlener Pfeffer
¼ TL Kurkumapulver
einige Blättchen
Koriandergrün

Die Süßkartoffeln, die Karotten und den Ingwer putzen, schälen und alles in kleine Stücke schneiden. 1 EL Öl in einem Topf erhitzen. Erst den Ingwer glasig dünsten und dann das Gemüse zugeben und mit andünsten. Mit der Brühe aufgießen und bei mittlerer Hitze ca. 15 Minuten weich garen.
Die Mandeln in einer Pfanne trocken anrösten und mit den Gojibeeren vermischen.
Die Suppe mit der Kokosmilch mit einem Stabmixer pürieren. Mit Salz, Pfeffer und Kurkuma würzen.
Das Topping über die Suppe geben und mit den Korianderblättchen servieren.

In SÜSSKARTOFFELN und KAROTTEN stecken jede Menge Antioxidantien wie Vitamin A und Beta-Carotin. Diese Stoffe wirken zellschützend, hautstärkend und straffen die Haut. Auch das Wachstum der Nägel wird dadurch angeregt.

TIPPS

Die herb-süßlichen roten GOJIBEEREN sind reich an Vitamin C und B1, Kalzium, Eisen und sekundären Pflanzenstoffen mit einem hohen Antioxidantiengehalt. Sie können stimmungsaufhellend, zellschützend und hautstärkend wirken. Achten Sie beim Einkauf der getrockneten Beeren auf Bio-Qualität.

Feines Erbsensüppchen

MIT RADIESCHEN UND MANDELMUS

ZUBEREITUNGSZEIT
20 Minuten

ZUTATEN FÜR 2 PERSONEN
- 1 mittelgroße Kartoffel
- 1 Schalotte
- 1 EL Olivenöl
- 500 ml Gemüsebrühe
- 400 g Erbsen (aus der Hülse gepalt oder TK)
- 3 EL Mandelmus
- 1 TL Zitronensaft
- Meersalz und frisch gemahlener Pfeffer
- 2–3 Radieschen
- ¼ TL zerstoßene rosa Pfefferbeeren

Die Kartoffel und die Schalotte schälen und klein schneiden. Das Öl in einem Topf erhitzen und die Kartoffel und die Schalotte darin kurz andünsten. Mit 500 ml Gemüsebrühe angießen und ca. 10 Minuten weich garen. Dann die Erbsen zugeben und 5 Minuten weitergaren.
2 EL Mandelmus zugeben und die Suppe mit einem Stabmixer pürieren. Die Suppe mit Zitronensaft, Salz und Pfeffer würzen. Die Radieschen putzen, waschen und in dünne Scheiben schneiden.
Die Suppe in Teller oder Schalen geben, mit den Scheiben belegen und mit dem restlichen Mandelmus und den Pfefferbeeren servieren.

TIPP

OLIVENÖL ist top für die Schönheit. Die Linolsäure stärkt die natürliche Barriereschicht der Haut, bindet Feuchtigkeit und macht die Haut zart und geschmeidig. Die enthaltenen Polyphenole machen das grüne flüssige Gold zu einem guten Radikal-Fänger. Die ungesättigten Fettsäuren wirken herzschützend und positiv auf den Cholesterinspiegel.
Auch für die äußere Anwendung ist Olivenöl ein Schönheitsbrunnen.

Cremige Tomaten-Suppe

MIT ERBSEN-LINSENBÄLLCHEN

ZUBEREITUNGSZEIT
ca. 30 Minuten

ZUTATEN FÜR 2 PERSONEN
60 g rote Linsen
100 g Erbsen (aus der Hülse gepalt oder TK)
½ Bund Petersilie
1 Frühlingswiebel
6 EL Haferflocken
6 EL Linsenmehl
Meersalz und
frisch gemahlener Pfeffer
Kräuter der Provence
Cayennepfeffer
1 Karotte
3 Tomaten
3 EL Olivenöl
500 ml Tomatenpüree (passierte Tomaten)
1 EL Mandelmus

Die Linsen in ca. 15 Minuten in der doppelten Menge Wasser weich garen. Die Erbsen in etwas Wasser 5 Minuten garen. Beides abgießen und abkühlen lassen. Die Petersilie waschen, trocken schütteln und fein hacken. Die Frühlingszwiebel waschen und in feine Ringe schneiden.
Die Erbsen mit den Linsen pürieren, die Petersilie, die Frühlingszwiebel, die Haferflocken und das Linsenmehl zugeben und gut verkneten. Die Masse mit Salz, Pfeffer, Kräutern sowie Cayennepfeffer würzen und 8–10 kleine Bällchen formen.
Die Karotte schälen, waschen und fein würfeln.
Die Tomaten putzen und in kleine Würfel schneiden.
1 EL Öl in einem Topf erhitzen, die Karotte zugeben und kurz andünsten. Die Tomaten zugeben und weiterdünsten. Mit dem Tomatenpüree aufgießen und ca. 10 Minuten köcheln lassen. Die Suppe mit dem Mandelmus fein pürieren und mit den Gewürzen abschmecken. Das restliche Öl in einer Pfanne erhitzen und die Bällchen darin von allen Seiten ca. 10 Minuten anbraten. Die Bällchen zur Suppe servieren.

TIPP

TOMATEN sind reich an Vitamin C, Folsäure, B-Vitaminen, Eisen und Zink. Insbesondere der rote Pflanzenstoff Lycopin, der zur Familie der Carotinoide gehört, ist in großer Menge enthalten. Es soll eine antioxidative Wirkung besitzen und antikarzinogen wirken. In konzentrierter Form steckt das hitzeunempfindliche Lycopin in getrockneten Tomaten, Dosentomaten und Tomatenmark.

Zitronengras-Kokos-Suppe

MIT SPINAT, BROKKOLI UND TOFU

ZUBEREITUNGSZEIT
ca. 35 Minuten

ZUTATEN FÜR 2 PERSONEN
2 Karotten
1 Ingwerknolle (1 cm)
1 kleiner Brokkoli (300 g)
50 g Babyspinat
1 Stange Zitronengras
2 EL Kokosöl
400 ml Gemüsebrühe
200 g Tofu
1 EL Sesamsamen
Meersalz und
frisch gemahlener Pfeffer
200 ml Kokosmilch
2 TL Sambal Olek
1 EL Limettensaft
2 Zweige Koriandergrün

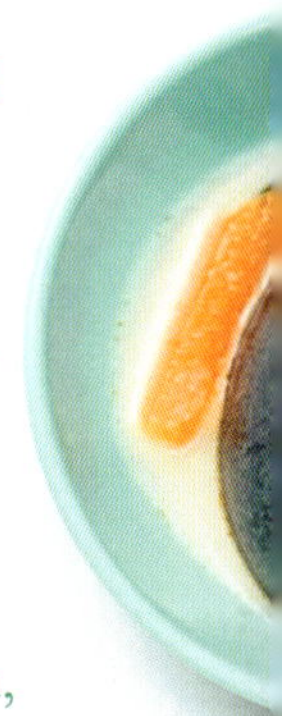

Die Karotten und den Ingwer schälen, waschen und in dünne Streifen schneiden. Den Brokkoli putzen und in kleine Röschen teilen. Den Spinat waschen und trocken schütteln. Das Zitronengras halbieren und längs mit einem Messer einritzen.

1 EL Öl in einem Topf erhitzen und die Karotten und den Ingwer anbraten. Danach den Brokkoli zugeben und alles andünsten. Mit der Brühe angießen, das Zitronengras zugeben und zugedeckt ca. 10–15 Minuten garen.

Den Tofu in Würfel schneiden. Das restliche Öl in einer Pfanne erhitzen, den Tofu darin anbraten, den Sesam zugeben und anrösten. Mit Salz und Pfeffer würzen.

Die Kokosmilch und den Spinat in die Suppe geben und mit Sambal Olek, Limettensaft, Salz und Pfeffer würzen. Den Koriander waschen, grob hacken und vor dem Servieren über die Suppe streuen. Suppe mit dem Tofu servieren.

TIPPS

KOKOSÖL speichert Feuchtigkeit und kann gut als Creme verwendet werden. Ich benutze es schon seit Monaten statt normaler Hautcreme. Auch zum Abschminken und als Haarspitzenfluid kann es verwendet werden.

EINKAUFSTIPP: Beim Einkauf sollten Sie auf ein kalt gepresstes, natives Kokosöl am besten in Bio-Qualität achten. Das hat die beste Qualität und ist auch als fair gehandeltes Kokosöl erhältlich.

Pastinaken-Bananen-Curry-Suppe

MIT KOKOS UND KICHERERBSEN

ZUBEREITUNGSZEIT
ca. 35 Minuten

ZUTATEN FÜR 2 PERSONEN
1 Ingwerknolle (1 cm)
1 Schalotte
1 Pastinake
2 EL Kokosöl
½ TL Currypulver
200 ml Gemüsebrühe
200 ml Kokosmilch
1 Banane
Meersalz und
frisch gemahlener Pfeffer
1 TL Limettensaft
150 g Kichererbsen (Dose)
¼ TL gemahlener
Kreuzkümmel
1 EL Kokosflocken
einige Blätter Koriandergrün

Den Ingwer und die Schalotte schälen und hacken. Die Pastinake schälen und in kleine Würfel schneiden. 1 EL Öl in einem Topf erhitzen, den Ingwer, die Schalotte, die Pastinake und das Curry darin andünsten. Mit der Brühe aufgießen und 10 Minuten köcheln lassen. Die Kokosmilch zugeben und erhitzen.
Die Banane schälen, klein schneiden und zur Suppe geben. Mit Salz, Pfeffer und Limettensaft abschmecken.
Die Kichererbsen abtropfen lassen. Das restliche Öl in einer Pfanne erhitzen, die Kichererbsen und den Kreuzkümmel zugeben und anbraten, die Kokosflocken zugeben und mit anrösten. Mit Salz und Pfeffer würzen. Die Kichererbsen und den Koriander in die Suppe geben und servieren.

TIPP

Die kohlenhydratreichen BANANEN sind echte Powerfrüchte. Sie geben Ballaststoffe, reichlich Kalium, Magnesium und Vitamin B6. Damit wirkt das gelbe Obst bluttdrucksenkend, entspannend und stimmungsaufhellend. Insbesondere reife Bananen sind eine gute Quelle für Zink und Kieselsäure. Diese Mineralstoffe wirken – wie auch das Vitamin B6 – kräftigend auf die Nägel.

Marinierte Rindfleischstreifen

MIT BUCHWEIZENNUDELN, ROTKOHL UND ANANAS

ZUBEREITUNGSZEIT
ca. 35 Minuten

ZUTATEN FÜR 2 PERSONEN
1 Stück Ingwer (1 cm)
1 Knoblauchzehe
1 rote Chilischote
2 EL Sojasauce
3 EL Sesamöl
1 TL Limettensaft
2 Rinderhüftsteaks
250 g Rotkohl
250 g Sobanudeln
70 g Babyspinat
100 g Ananasfruchtfleisch
Meersalz und
frisch gemahlener Pfeffer
2 EL geröstete Erdnüsse

Den Ingwer und den Knoblauch schälen und hacken. Die Chilischote waschen, entkernen und fein hacken. Die Sojasoße, 2 EL Öl und den Saft verquirlen. Ingwer, Knoblauch und Chili unterrühren. Das Fleisch in Streifen schneiden, mit der Marinade vermischen und 15 Minuten ziehen lassen. Den Rotkohl putzen, waschen und in Streifen schneiden. Die Sobanudeln in kochendem Salzwasser ca. 3 Minuten garen, abgießen. Den Spinat putzen, waschen und trocken schütteln. Die Ananas in kleine Stücke schneiden. Das restliche Öl erhitzen. Das Fleisch ohne Marinade ca. 3–5 Minuten anbraten und herausnehmen. Den Rotkohl kurz anbraten. Dann die Nudeln, das Fleisch, die Marinade, den Spinat und die Ananas unterheben. Mit Salz und Pfeffer würzen und mit den Erdnüssen bestreuen.

TIPP

Die feurig scharfe Chilischote gibt jedem Essen und auch dem Stoffwechsel durch den enthaltenen Scharfstoff Capsaicin richtig Power. Zudem wirkt CHILI entzündungshemmend und antioxidantiv. Es gibt verschiedene Chiliarten mit entsprechenden Schärfegraden. Deswegen: beim Kochen vorsichtig dosieren!

Grüne-Bohnen-Paprika-Pfanne

MIT LAMMLACHS

ZUBEREITUNGSZEIT
ca. 45 Minuten

ZUTATEN FÜR 2 PERSONEN
300 g grüne Bohnen
Meersalz
1 Schalotte
1 rote Paprikaschote
2 EL Olivenöl
1 Lammlachs (300 g)
frisch gemahlener Pfeffer
1 EL gehackter Estragon
100 g Griechischer Joghurt
1 EL gehackte Minze

Die Bohnen putzen, waschen und längs halbieren. Die Bohnen in Salzwasser ca. 7 Minuten bissfest garen. Die Schalotte schälen und in Ringe schneiden. Die Paprikaschote putzen, waschen und in Streifen schneiden.
Den Backofen auf 120 °C (Umluft 100 °C) vorheizen. 1 EL Öl in einer Pfanne erhitzen, den Lammlachs in dem Öl von allen Seiten ca. 5 Minuten anbraten, mit Salz und Pfeffer würzen, in eine Auflaufform geben und im Ofen ca. 10 Minuten garen. In der gleichen Pfanne einen weiteren EL Öl erhitzen, die Schalotte zugeben und andünsten. Dann die Bohnen und die Paprikastreifen zugeben und ca. 5 Minuten andünsten. Das Gemüse mit Salz, Pfeffer und Estragon würzen. Den Joghurt mit der Minze vermischen. Mit Salz und Pfeffer würzen. Den Lammlachs aus dem Ofen nehmen, kurz ruhen lassen, in Scheiben schneiden und mit dem Gemüse und dem Joghurt servieren.

TIPP

Das *LAMMFLEISCH* enthält neben Eiweiß auch reichlich L-Carnitin. Gerade das L-Carnitin ist ein echter Fettkiller, denn die vitaminähnliche Substanz befördert freie Fettsäuren ins Zellinnere, wo sie verbrannt werden.

Mariniertes Ofen-Hähnchen auf Karotten

MIT BROMBEER-KAKAO-SAUCE

ZUBEREITUNGSZEIT
ca. 45 Minuten

ZUTATEN FÜR 2 PERSONEN
4 Karotten
1 Knoblauchzehe
3 EL Olivenöl
1 TL weißer Balsamicoessig
½ TL Lavendelblüten
1 Prise Majoran
Meersalz und
frisch gemahlener Pfeffer
2 Hähnchenbrustfilets
1 rote Zwiebel
1 EL Tomatenmark
1 EL Mehl
50 ml Weißwein
100 ml Hühnerbrühe
20 g Zartbitterschokolade
getrockneter Thymian
50 g Brombeeren

Die Karotten schälen, längs halbieren und in Stücke schneiden. In eine Auflaufform geben. Den Knoblauch schälen und hacken. 2 EL Öl und den Essig verquirlen, den Knoblauch, die Blüten und die Gewürze untermischen.
Den Backofen auf 160 °C (Umluft 140 °C) vorheizen. Die Hähnchenbrustfilets waschen, trocken tupfen und auf die Karotten legen. Mit der Marinade bestreichen und ca. 20 Minuten ziehen lassen.
Die Zwiebel schälen, halbieren und in Streifen schneiden. Das Fleisch und die Karotten in den Ofen geben und ca. 20–25 Minuten backen.
Währenddessen das restliche Öl in einem kleinen Topf erhitzen, die Zwiebel zugeben und anbraten, das Tomatenmark zufügen und karamellisieren lassen, mit dem Mehl bestäuben und unterrühren. Anschließend mit dem Wein ablöschen und mit der Brühe angießen. Die Sauce 5 Minuten einkochen lassen. Die Schokolade untermischen und mit Salz, Pfeffer und Thymian würzen. Die Brombeeren waschen, halbieren und zu der Sauce geben.
Das Hähnchen aus dem Ofen nehmen, mit Salz und Pfeffer würzen, quer in Scheiben schneiden und mit den Karotten und der Sauce servieren.

TIPP

KAKAO macht happy: Die enthaltene Aminosäure Tryptophan ist wichtig für die Bildung von Serotonin und sorgt so für eine gute Stimmung. Das lässt uns entspannt aussehen.

Ofenlachs

MIT APRIKOSEN-SCHAFSKÄSE-HAUBE UND KAROTTEN-QUINOA-GEMÜSE

ZUBEREITUNGSZEIT
ca. 45 Minuten

ZUTATEN FÜR 2 PERSONEN
100 g Quinoa
1 Schalotte
40 g getrocknete Aprikosen
100 g Schafskäse
25 g gehackte Walnusskerne
1 EL gehackte Petersilie
Meersalz und
frisch gemahlener Pfeffer
2 Lachsfilets (à 125 g)
2 EL Olivenöl
2 Frühlingszwiebeln
2 Karotten
¼ TL gemahlener
Kreuzkümmel
2 EL getrocknete Gojibeeren

Die Quinoa mit der doppelten Menge Salzwasser 15–18 Minuten weich garen. Den Backofen auf 200 °C (Umluft 180 °C) vorheizen. Die Schalotte schälen und hacken. Die Aprikosen und den Schafskäse in kleine Würfel schneiden. Die Schalotte, die Aprikosen und den Käse mit den Nüssen und der Petersilie vermischen und mit Salz und Pfeffer würzen. Den Lachs mit kaltem Wasser abwaschen und in eine Auflaufform geben. Mit 1 EL Öl beträufeln und die Käsemasse daraufgeben. Im Ofen ca. 20 Minuten backen. Die Frühlingszwiebeln und die Karotten putzen und waschen. Die Frühlingszwiebeln in Stücke, die Karotten in Stücke oder Stifte schneiden. Das restliche Öl in einer Pfanne erhitzen, die Frühlingszwiebeln und die Karotten zugeben, anbraten und 7–10 Minuten dünsten. Mit Kreuzkümmel, Salz und Pfeffer würzen. Die Quinoa und die Gojibeeren zugeben und unterheben. In der Pfanne kurz mit andünsten. Die Quinoa mit dem Lachs servieren.

TIPP

Auch der LACHS ist eine wunderbare Quelle für Proteine und Biotin, die für eine straffe und schlanke Silhouette sorgen. Die enthaltenen Omega-3-Fettsäuren wirken entzündungshemmend und haben einen positiven Effekt auf die Haut. Wer zweimal in der Woche Fisch auf dem Teller hat, profitiert von den guten Inhaltsstoffen.

Lachs-Reis-Bowl

MIT MANGOLD, TOMATEN UND CASHEW-KORIANDER-SAUCE

ZUBEREITUNGSZEIT
ca. 45 Minuten

ZUTATEN FÜR 2 PERSONEN
60 g Cashewkerne
100 g Naturreis
Meersalz
300 g Mangold
200 g Tomaten
2 EL Öl
2 Lachsfilets (à 125 g)
frisch gemahlener Pfeffer
Chiliflocken
½ Bund Koriandergrün
100 g Griechischer Joghurt

Die Cashewkerne in der doppelten Menge Wasser 30 Minuten einweichen. Den Reis mit der 2,5-fachen Menge Salzwasser ca. 30 Minuten weich garen.
Den Backofen auf 160 °C (Umluft 140 °C) vorheizen.
Währenddessen den Mangold und die Tomaten waschen und putzen. Die Tomaten würfeln und den Mangold in Streifen schneiden.
Das Öl in einer Pfanne erhitzen. Erst den Lachs von beiden Seiten kurz anbraten, mit Salz und Pfeffer würzen, in eine Auflaufform geben und im Ofen ca. 10 Minuten garen lassen. In der gleichen Pfanne die Tomaten kurz andünsten, den Mangold zugeben, 5 Minuten dünsten und mit Salz, Pfeffer und Chiliflocken würzen.
Den Koriander waschen und trocken schütteln.
Die Cashewkerne mit dem Joghurt, 30–50 ml Wasser und dem Koriander fein pürieren. Mit Salz und Pfeffer abschmecken.
Den Lachs aus dem Ofen nehmen und leicht auseinander pflücken. Den Reis, den Lachs, das Gemüse und die Cashewsauce in zwei Schalen anrichten.

TIPP

KORIANDER hat verschiedene Facetten. Das grüne Kraut schmeckt intensiv, würzig und leicht seifig. Es ist ein zartes Kraut, peppt viele Drinks und Speisen auf und sollte erst am Ende der Garzeit zum Essen gegeben werden.
Es hat eine stark entgiftende Wirkung und kann das Abtransportieren von Giftstoffen unterstützen.

Linsen-Hirse-Bowl

MIT ROTKOHL UND PAPAYA

ZUBEREITUNGSZEIT
ca. 35 Minuten

ZUTATEN FÜR 2 PERSONEN
100 g Belugalinsen
100 g Hirse
Meersalz und
frisch gemahlener Pfeffer
1 Msp. Kreuzkümmel
100 g Rotkohl
50 g Feldsalat
50 g Papayafruchtfleisch
1 EL Cashewmus
1 EL Limettensaft
¼ TL Kurkumapulver
1 EL gehackter Schnittlauch

Die Linsen und die Hirse zusammen mit der doppelten Menge Wasser ca. 20–30 Minuten garen. Abkühlen lassen und mit Salz, Pfeffer und Kreuzkümmel abschmecken.
Nebenher den Rotkohl putzen, waschen und in feine Streifen schneiden. Den Feldsalat putzen, waschen und trocken schütteln. Das Papayafruchtfleisch in Würfel schneiden.
Das Cashewmus, den Limettensaft, 1–2 EL Wasser und das Kurkumapulver verquirlen und mit Salz und Pfeffer würzen.
Die Hirse-Linsen mit dem Rotkohl und dem Feldsalat in zwei Schalen (Bowls) anrichten, die Papaya darübergeben, mit der Sauce beträufeln und mit dem Schnittlauch servieren.

TIPP

Linsen und andere HÜLSENFRÜCHTE enthalten reichlich Eiweiß, komplexe Kohlenhydrate und Ballaststoffe. Außerdem sind Vitamine der B-Gruppe wie Biotin, Kalzium, Magnesium, Zink und Eisen darin enthalten. Die Linsen sind wichtige Eiweißlieferanten, denn sie machen satt und stärken die Muskeln. Das Zink ist ein echter Pickel-Vernichter, denn der Mineralstoff wirkt wundheilend und repariert die Haut.

Hafer-Süßkartoffel-Plätzchen

MIT BROKKOLI-KARTOFFEL-STAMPF

ZUBEREITUNGSZEIT
ca. 35 Minuten

ZUTATEN FÜR 2 PERSONEN
300 g Kartoffeln
150 g Brokkoliröschen
Meersalz
80 g kernige Haferflocken
1 kleine Süßkartoffel
50 g Schafskäse
1 Bio-Ei
2 EL Sesamsamen
2–3 EL Semmelbrösel
frisch gemahlener Pfeffer
Majoran
3 EL Rapsöl
100 ml warme Milch
1 Prise Muskat
einige Blätter Petersilie

Die Kartoffeln schälen, waschen und in kleine Stücke schneiden. Den Brokkoli putzen, waschen und klein schneiden. Erst die Kartoffeln in Salzwasser ca. 10 Minuten kochen, dann den Brokkoli zu den Kartoffeln geben und weitere 7 Minuten garen. 50 g Haferflocken mit 90 ml Wasser aufkochen, vom Herd nehmen und quellen lassen. Nebenher die Süßkartoffel schälen und grob raspeln. Den Schafskäse in Würfel schneiden.
Dann den Haferbrei mit der Süßkartoffel, dem Schafskäse, dem Ei, den Sesamsamen, den restlichen Haferflocken und den Semmelbröseln vermengen, mit Salz, Pfeffer und Majoran würzen. Aus der Masse 6 Plätzchen formen. 2 EL Öl in einer Pfanne erhitzen und die Plätzchen von beiden Seiten goldgelb ca. 7 Minuten anbraten.
Zu den Kartoffeln und dem Brokkoli warme Milch und 1 EL Öl geben, mit einem Stampfer zerdrücken. Mit Salz, Pfeffer und Muskat würzen. Plätzchen zu dem Stampf mit der Petersilie servieren.

TIPP

Das grüne Superfood BROKKOLI schenkt unserer Haut Vitamin C, Kalzium und Beta-Carotin. Es wirkt positiv auf den Fettstoffwechsel, schützt die Zellen und strafft das Bindegewebe.

Mandel-Linsen-Pfannküchlein

GEFÜLLT MIT SPINAT UND TOMATEN

ZUBEREITUNGSZEIT
20 Minuten
+ 10 Minuten Quellzeit

FÜR 2 PERSONEN
30 g Linsenmehl
20 g gemahlene Mandeln
50 g Dinkelmehl
150 ml Milch, 1,5 % Fett
1 Bio-Ei (M)
30 ml kohlensäurehaltiges Mineralwasser
Salz
4 TL Rapsöl
100 g Blattspinat
200 g Kirschtomaten
1 Stück Ingwer (1 cm)
2 EL Olivenöl
2 Schalotten
3 EL Schmand
Pfeffer
½ Bio-Zitrone (Saft und Abrieb)

Das Linsenmehl mit dem Mandel- und Dinkelmehl sowie 150 ml Milch verrühren und ca. 10 Minuten quellen lassen. Anschließend mit dem Ei, dem Mineralwasser und 1 Prise Salz zu einem glatten Teig verrühren.
Mit je 1 TL Öl in einer großen Pfanne insgesamt 4 dünne Pfannkuchen goldgelb von beiden Seiten ausbacken. Die Pfannkuchen im Ofen warm halten. Für die Füllung den Spinat putzen, waschen und trocken schütteln. Die Tomaten waschen und halbieren. Den Ingwer und die Schalotten schälen und hacken. In der Pfanne 1 EL Olivenöl erhitzen, 1 Schalotte und den Ingwer darin andünsten. Den Spinat und die Tomaten zugeben und ca. 5 Minuten dünsten. In einem kleinen Topf 1 EL Olivenöl erhitzen und die restliche Schalotte darin andünsten. Den Schmand und 2 EL Wasser zugeben und verrühren, mit Salz, Pfeffer, dem Zitronenabrieb und -saft abschmecken. Die Füllung und die Sauce in die Mitte der Pfannkuchen geben, diese zur Hälfte einklappen und sofort servieren.

TIPP

Egal ob gehobelt, gestiftelt, gehackt, gemahlen, als Mus oder Drink – **MANDELN** sind kalziumreich, enthalten reichlich Omega-3-Fettsäuren und Vitamin E.
Die Füllung schmeckt auch lecker mit einigen Würfeln Schafskäse.

Brokkoli-Kokos-Curry

MIT LINSEN-QUINOA-EINLAGE

ZUBEREITUNGSZEIT
ca. 35 Minuten

ZUTATEN FÜR 2 PERSONEN
50 g Berglinsen
50 g Quinoa
200 g Brokkoli
1 Karotte
1 Ingwerknolle (2 cm)
2 EL Sesamöl
1 EL Currypaste
100 ml Gemüsebrühe
50 g Mangofruchtfleisch
200 ml Kokosmilch
Meersalz und frisch
gemahlener Pfeffer
30 g gehobelte Mandeln
2 EL gehacktes Koriandergrün

Die Linsen und die Quinoa zusammen in der doppelten Menge Wasser 20 Minuten weich garen. Den Brokkoli, die Karotte und den Ingwer putzen und schälen. Den Brokkoli in Röschen teilen.
Die Karotte in Würfel schneiden. Den Ingwer hacken. Das Öl in einem Wok oder einer Pfanne erhitzen. Den Ingwer andünsten, die Currypaste zugeben und mit andünsten. Das Gemüse zugeben und ca. 7 Minuten andünsten.
100 ml Brühe zugeben und ca. 10 Minuten weiterdünsten. Die Mango in Würfel schneiden und zu dem Curry geben. Die Kokosmilch zugeben und mit Salz und Pfeffer abschmecken.
Die Mandelhobel in einer Pfanne trocken anrösten und unter die Linsen-Quinoa geben, kurz mit andünsten und mit dem Koriander mischen. Das Curry mit der Linsen-Quinoa servieren.

TIPP

Durch die Kombination mit Linsen und Quinoa kann das enthaltene pflanzliche Eiweiß besser verwertet werden.

Gefüllte Süßkartoffel

MIT GERÖSTETEM BLUMENKOHL UND JOGHURT-DIP

ZUBEREITUNGSZEIT
40 Minuten

ZUTATEN FÜR 2 PERSONEN
2 Süßkartoffeln
2 EL Olivenöl
300 g Blumenkohl
Meersalz und frisch gemahlener Pfeffer
2 EL Granatapfelkerne
100 g Joghurt, 1,5 % Fett
1 EL Zitronensaft
1 EL Sesamsamen
1 Msp. Kurkumapulver

Den Backofen auf 200 °C (Umluft 180 °C) vorheizen. Die Süßkartoffeln waschen und längs halbieren. Die Hälften mit der Schnittfläche nach oben in eine Auflaufform legen und mit 1 EL Öl beträufeln. Im Ofen bei ca. 20–30 Minuten backen, bis das Fruchtfleisch weich ist.
Den Blumenkohl putzen, waschen und in kleine Röschen teilen. 1 EL ÖL in einer Pfanne erhitzen, den Blumenkohl darin ca. 10 Minuten anbraten und mit Salz und Pfeffer würzen. Den Blumenkohl mit den Granatapfelkernen vermischen. Den Joghurt mit dem Zitronensaft und dem Sesam vermengen und mit Salz, Pfeffer und Kurkuma abschmecken. Das Süßkartoffelfruchtfleisch mit einer Gabel etwas auseinanderzupfen und mit dem Blumenkohl und dem Joghurt servieren.

TIPP

JOGHURT UND MILCHSAURE PRODUKTE Durch die Milchsäure wird die Milch sauer, das Eiweiß verändert sich, und es entstehen so Joghurt, Kefir oder Dickmilch. Diese Sauermilchprodukte sind besonders eiweiß- und kalziumreich. Durch die enthaltenen Milchsäurebakterien wirken sie außerdem positiv auf die Verdauung und halten die Darmflora in Balance. Sie können beim Abnehmen und Entgiften helfen, denn die probiotischen Bakterien bringen die Darmflora ins Gleichgewicht und verdrängen schlechte Darmbakterien. Das Immunsystem wird gestärkt, der Appetit reduziert und die Verdauung gefördert. Mit einem gesunden Darm kann das Gewicht besser reguliert werden.

Gemüse-Spiralnudeln

MIT LINSEN-GEMÜSE-BOLOGNESE

ZUBEREITUNGSZEIT
20 Minuten

ZUTATEN FÜR 2 PERSONEN
3 Karotten
100 g Knollensellerie
1 Pastinake
2 EL Olivenöl
150 ml Gemüsebrühe
100 ml passierte Tomaten
50 g rote Linsen
Meersalz und frisch gemahlener Pfeffer
Cayennepfeffer
Kräuter der Provence
2 Zucchini
1 kleine Gurke
2 EL geriebener Pecorinokäse

1 Karotte, den Sellerie und die Pastinake putzen, waschen und in kleine Würfel schneiden. 1 EL Öl in einer Pfanne erhitzen, die Gemüsewürfel darin anbraten. Die Gemüsebrühe, die passierten Tomaten und die Linsen zugeben und ca. 10 Minuten köcheln lassen. Mit Salz, Pfeffer, Cayennepfeffer und Kräutern der Provence würzen.
Die Zucchini, die restlichen Karotten und die Gurke putzen und waschen. Das Gemüse mit einem Spiralschneider oder Sparschäler in lange Nudeln schneiden.
Das restliche Öl in einer großen beschichteten Pfanne erhitzen und die Gemüsenudeln ca. 3–5 Minuten andünsten. Mit Salz und Pfeffer würzen. Die Gemüsenudeln mit der Sauce und dem Käse bestreut servieren.

TIPP

Durch die Gurke, die Zucchini und die Gemüse-Sauce strotzt dieses Low-Carb-Gericht nur so vor Eisen, Kalzium, Kalium, Magnesium und Vitamin A, B und C. Das in den Möhren enthaltene Vitamin A und das Beta-Carotin wirken zellschützend und so als Anti-Falten-Mittel.

Beauty-Party-Rezepte-Snacks und Süßes

Mit diesen Rezepten können Sie bei Ihren Freundinnen punkten oder sich einen vitalstoffreichen Snack gönnen. Obst und Gemüse, ergänzt mit Nüssen, Kräutern, Milchprodukten und Superfoods, lassen den gesamten Körper strahlen.

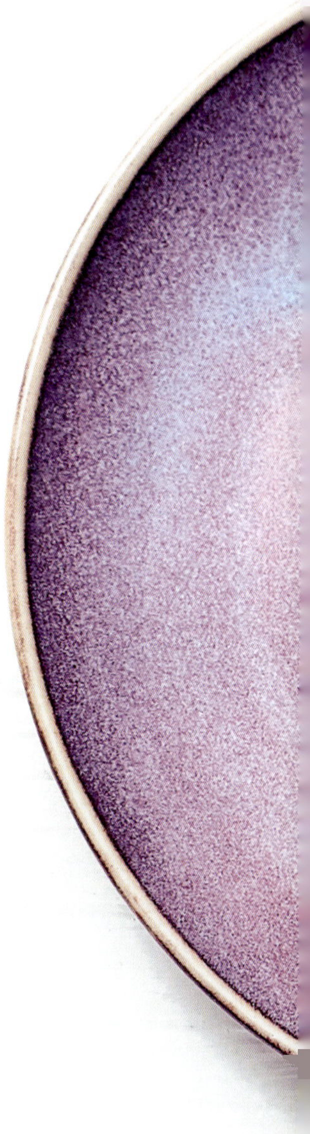

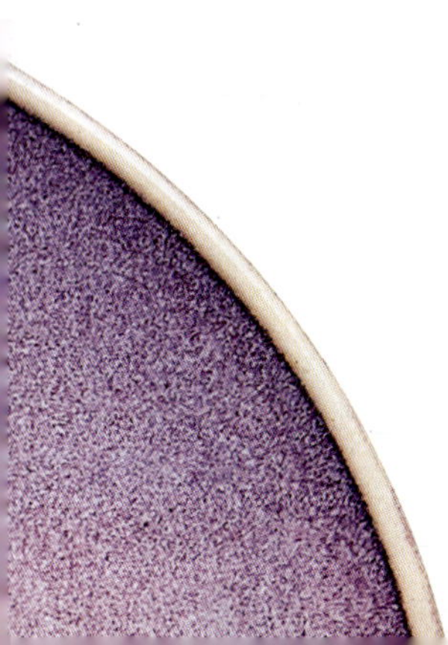

Melonen-bruschetta

MIT PAPRIKAWÜRFELN UND MINZ-WALNUSS-PESTO

ZUBEREITUNGSZEIT
15 Minuten

ZUTATEN FÜR 2 PERSONEN
- 1 kleine gelbe Paprikaschote
- 20 g Walnusskerne
- 2 Zweige Minze
- 1 Handvoll Basilikumblätter
- 2 EL Olivenöl
- Meersalz und frisch gemahlener Pfeffer
- 1 Prise Sumach
- 2 Scheiben von einer kleinen Wassermelone (2 cm dick)

Die Paprikaschote putzen, waschen und in kleine Würfel schneiden. Die Walnusskerne hacken und in einer Pfanne trocken anrösten.
Die Kräuter waschen und hacken. Die Kräuter mit dem Öl und den Nüssen vermischen und mit den Gewürzen abschmecken. Die Paprikawürfel mit dem Pesto vermischen.
Die Melonenscheiben jeweils in 6 Stücke schneiden. Den Paprika-Pesto-Mix auf die Viertel verteilen und servieren.

TIPP

WASSERMELONE Die Sommerfrucht ist ein exzellenter Wasserspeicher mit wenig Kalorien und Zucker. Deswegen eignet sich die Melone gut als Durstlöscher und Erfrischung. Enthalten ist in der Schlankfrucht Vitamin C und Folsäure. Zudem deckt eine Portion (250 g) etwa die Hälfte der empfohlenen Tageszufuhr an Pantothensäure, einem B-Vitamin, das eine wichtige Funktion für die mentale Leistungsfähigkeit und den Stoffwechsel hat.

Gurken-Ananas-Smoothie

MIT ALOE VERA

ZUBEREITUNGSZEIT
10 Minuten

ZUTATEN FÜR 2 PERSONEN
- 1 Bio-Orange
- ½ Gurke
- 150 g Ananasfruchtfleisch
- 1 TL Chiasamen
- 250 ml Kokoswasser
- 50 ml Aloe-Vera-Saft
- einige Minzeblättchen

Die Orange schälen und in Stücke schneiden. Die Gurke waschen und in Stücke schneiden. Die Ananas klein schneiden. Alles zusammen mit den Chiasamen, dem Kokoswasser und dem Aloe-Vera-Saft in einen Standmixer geben und fein pürieren. Smoothie in Gläser füllen und mit der Minze bestreut servieren.

TIPPS

VARIANTE: Alternativ zu den exotischeren Chiasamen kann man auch das heimische Superfood Leinsamen verwenden. Diese enthalten ebenfalls reichlich Omega-3-Fettsäuren und Ballaststoffe.

KOKOSWASSER ist die klare Flüssigkeit aus den unreifen, grünen Kokosnüssen. Anders als die cremige und weiße Kokosmilch ist das Kokoswasser fast fettfrei und sehr kalorienarm. Gerade mal 15 Kalorien sind in 100 ml Kokoswasser enthalten. Durch den Gehalt an vielen Elektrolyten, wie Kalium, Magnesium, Kalzium und Natrium, gilt das exotische Wasser auch als isotonisches Getränk. Das macht es zu einem idealen Durstlöscher während oder nach dem Sport.

Bananen-Buttermilch

MIT MANDELMUS UND ZIMT

ZUBEREITUNGSZEIT
10 Minuten

ZUTATEN FÜR 2 PERSONEN
1 Banane
2 getrocknete Datteln ohne Stein
300 ml Buttermilch
1 EL Mandelmus
1 Msp. Zimt
1 EL Granatapfelkerne

Die Banane schälen und klein schneiden. Die Banane mit den Datteln, der Buttermilch, dem Mandelmus und dem Zimt in einen Standmixer geben und alles pürieren. Buttermilch in Gläser füllen und mit den Granatapfelkernen bestreut servieren.

TIPP

BUTTERMILCH ist ein Nebenprodukt der Butterherstellung. Sie ist reich an Eiweiß, Kalzium, Kalium, B-Vitaminen, enthält aber wenig Fett und Kalorien. Dieser legendäre Schönheits-Drink sorgt so für strahlende und gesunde Haut.

Wassermelonen-Minz-Daiquiri

ZUBEREITUNGSZEIT
10 Minuten
+ 4 Stunden Gefrierzeit

ZUTATEN FÜR 2 PERSONEN
400 g Wassermelonenfruchtfleisch
2 Zweige Minze
2 EL Limettensaft
2 Handvoll Eiswürfel oder Crushed Ice
2 Melonenecken

Die Melone in Stücke schneiden und in ein Plastikgefäß geben, verschließen und im Tiefkühler mindestens 4 Stunden gefrieren. Danach die Melone kurz antauen, die Minze waschen. Beides in einem Standmixer mit dem Saft, dem Eis und 100 ml Wasser pürieren und in zwei Gläser füllen. Die Melonenecken an den Rand stecken und servieren.

TIPP

MINZE Bekomme ich leichte Kopfschmerzen, gieße ich mir frische Minze mit kochendem Wasser auf, trinke den Tee dann schluckweise, nehme dabei die Dämpfe auf – und die Kopfschmerzen verfliegen. Das liegt an dem reichlich enthaltenen ätherischen Öl Menthol. Menthol wirkt schleimlösend, appetitanregend und krampflösend bei Verdauungsbeschwerden und bei Kopfschmerzen.

Gewürz-knabberkerne

ZUBEREITUNGSZEIT
ca. 10 Minuten

ZUTATEN FÜR 2 PERSONEN
1 Eiweiß
je ½ TL Koriander- und Senfsamen
je ¼ TL Kurkuma- und Vanillepulver
je 100 g Mandel-, Cashew- und Walnusskerne
1 Prise Meersalz

Den Backofen auf 120 °C (Umluft 100 °C) vorheizen. Das Eiweiß leicht schlagen, bis es schaumig, aber nicht steif ist. Den Koriander und den Senf in einem Mörser zerstoßen. Mit der Kurkuma und der Vanille vermischen. Die Kerne, das Eiweiß und die Gewürze in eine Schüssel geben und vermengen. Die Kerne auf ein mit Backpapier ausgelegtes Backblech geben und im Ofen ca. 30 Minuten rösten. Abkühlen lassen und servieren.

KURKUMA gibt mit ihrer gelben Farbe Power ans Essen. Sie wirkt entzündungshemmend, zellschützend und hilft bei Magen-Darm-Beschwerden und der Fettverbrennung. Das gelbe Gewürz unterstützt die Verdauungsorgane und bringt den müden Stoffwechsel auf Trab.

TIPP

Beauty-Sommerrollen

MIT AVOCADO, ANANAS, SELLERIE, GURKE UND SPINAT

ZUBEREITUNG
ca. 15 Minuten

ZUTATEN FÜR 2 PERSONEN
¼ Gurke
1 Stange Sellerie
50 g Rotkohl
50 g Ananasfruchtfleisch
50 g Avocadofruchtfleisch
50 g Babyspinat
2 Zweige Zitronenmelisse
6 Blätter Reispapier
2 EL helle Sojasauce, light
1 TL Tahini
1 TL Agavendicksaft
1 TL Limettensaft
frisch gemahlener Pfeffer
frisch gemahlene Kurkuma

Das Gemüse waschen und in lange dünne Streifen schneiden. Die Ananas und die Avocado in Scheiben schneiden. Den Spinat waschen und trocken schütteln. Die Melisse waschen, trocken schütteln und die Blätter abzupfen. Die Reispapierblätter in einer großen Schüssel mit Wasser ca. 1 Minute einweichen. Das Reispapier auf einer Arbeitsfläche ausbreiten. Die Gemüsestreifen, die Ananas, die Melisse und den Spinat auf den unteren Bereich der Reispapierblätter legen und die Seiten umklappen. Fest zusammenrollen und auf einen Teller legen. Die Sojasauce, die Tahini, den Agavendicksaft, den Limettensaft und 2 EL Wasser gut vermischen und mit Pfeffer und Kurkuma würzen. Die Sauce mit den Rollen servieren.

TIPPS

VARIANTE: Paprika, Tomaten, Koriander, Mango und Salat können ebenfalls eingewickelt werden.

ANANAS Die exotische Frucht liefert viele Vitamine, Mineralstoffe und Spurenelemente und ist ideal zum Detoxen. Die enthaltenen B-Vitamine stärken Nerven und Organe und machen schöne Haut und Haare. Durch den hohen Wasser- und Kohlenhydratgehalt kurbelt die Ananas den Stoffwechsel und die Serotonin-Bildung an – das macht gute Laune. Das enthaltene Enzym Bromelain spaltet Eiweiß und unterstützt die Verdauung.

Kichererbsen-Dip

MIT SELLERIE

ZUBEREITUNGSZEIT
ca. 15 Minuten

ZUTATEN FÜR 2 PERSONEN
½ Bund Koriandergrün
150 g Kichererbsen (Dose)
15 g Cashewmus
100 g Sojajoghurt
1 Spritzer Zitronensaft
Meersalz und frisch
gemahlener Pfeffer
1 Prise Chiliflocken
4 Stangen Staudensellerie

Den Koriander waschen und klein schneiden. Die Kichererbsen abtropfen lassen. Den Koriander, die Kichererbsen, das Mus und den Sojajoghurt mit einem Stabmixer fein pürieren. Den Dip mit Zitronensaft, Salz, Pfeffer und Chiliflocken würzen.
Den Sellerie putzen, waschen und in Stifte schneiden. Die Sticks mit dem Dip servieren.

TIPP

SELLERIE verdankt sein spezielles würziges Aroma dem hohen Anteil an ätherischen Ölen, die entzündungshemmend und verdauungsfördernd wirken. Außerdem sind in Sellerie reichlich Kalzium, Kalium, Magnesium und Phosphor enthalten. Die Mineralien haben eine entwässernde und nervenberuhigende Wirkung und gleichen die Spannung im Körper aus.

Lachs-Gurkencanapés

ZUBEREITUNG
ca. 15 Minuten

ZUTATEN FÜR 2 PERSONEN
4 Zweige Dill
100 g Ziegenfrischkäse
Meersalz und frisch gemahlener Pfeffer
½ Gurke
50 g gebeizter Lachs

Den Dill hacken und die Hälfte mit dem Ziegenfrischkäse sowie Salz und Pfeffer würzen.
Die Gurke waschen, in 8 dicke Scheiben schneiden und auf einen Teller legen. Die Creme mit zwei Teelöffeln zu Nocken formen und auf die Gurkenscheiben geben. Den Lachs in Streifen schneiden, die Canapés mit den Streifen belegen und mit dem restlichen Dill bestreut servieren.

TIPPS

Flüssigkeit tanken: Das geht am besten mit einer wasserreichen Gurke. Sie wirkt erfrischend und enthält kaum Kalorien. Trotz der geringen 12 Kalorien auf 100 Gramm sind in der **GURKE** viele Mineralstoffe wie Kalium, Eisen sowie Folsäure und Vitamin C enthalten. Durch den hohen Kaliumgehalt wirkt sich das grüne Detox-Gemüse positiv auf den Blutdruck aus und kann entgiftend, beruhigend sowie stresshemmend wirken. Das Fruchtgemüse schmeckt nicht nur im Salat, sondern auch im Smoothie, zu Saft gepresst oder in kalten Suppen.

BEAUTY-TIPP: GURKENMASKE Müde und geschwollene Augen? Einfach zwei Gurkenscheiben abschneiden und für ca. 10 Minuten auf die Augen legen. Das erfrischt die Augen und gibt der Haut Feuchtigkeit.

198

Buttermilch-Erdbeer-Eis

AM STIEL

ZUBEREITUNGSZEIT
ca. 10 Minuten,
Gefrierzeit: 4 Stunden

ZUTATEN FÜR 4 STÜCK:
- 200 g Buttermilch
- 4 Zweige Minze
- 2 EL Limettensaft
- 2 EL Agavendicksaft
- 100 g Erdbeeren
- 2 EL Schokoraspel
- 4 Portions-Eisförmchen mit Stiel

Die Buttermilch mit der Minze, dem Limetten- und dem Agavendicksaft pürieren. Die Erdbeeren waschen, putzen und 2 Stück in kleine Würfelchen schneiden. Die restlichen Erdbeeren pürieren. Die Erdbeerwürfelchen unter die Masse mischen. Die Eisförmchen kalt ausspülen und abtropfen lassen, nicht trocknen. Die Masse in die Förmchen füllen, die Stiele hineinstecken und mindestens 4 Stunden gefrieren.
Vor dem Servieren die Förmchen kurz in heißes Wasser tauchen und das Eis aus den Förmchen herauslösen. Das Eis mit dem Erdbeerpüree und den Schokoflocken servieren.

TIPPS

VARIANTE: Das Eis schmeckt statt Minze auch mit Basilikum und Zitronenmelisse und klein gehackten Pistazienkernen.

ZITRONE: Die supersauer schmeckende, aber basisch wirkende Zitrusfrucht macht lustig und ist bekannt für ihren Entschlackungs- und Entgiftungseffekt. Durch das enthaltene Vitamin C, die ätherischen Öle in der Schale und die Flavonoide (sekundäre Pflanzenstoffe) wirkt die Zitrone antioxidativ, zellerneuernd und verdauungsfördernd. Insbesondere das reichlich enthaltene Vitamin C lässt das Fett schmelzen. Durch das Vitamin produziert der Körper das für eine optimale Fettverbrennung wichtige Hormon Noradrenalin. Ein Glas warmes Zitronenwasser am Morgen kurbelt den Stoffwechsel an.

Nicecream

MIT HAFER-PARANUSS-FLOCKEN

ZUBEREITUNGSZEIT
15 Minuten,
Gefrierzeit: 4 Stunden

ZUTATEN FÜR 2 PERSONEN
2 reife Bananen
20 g Paranusskerne
40 g Haferflocken
1 Prise Vanillepulver
100 g Sojajoghurt
1 EL Agavendicksaft
1 Zweig Rosmarin

Die Bananen schälen, in Stücke schneiden und in einem Plastikgefäß im Tiefkühler mindestens 4 Stunden gefrieren.
Währenddessen die Paranüsse grob hacken.
Die Haferflocken, die Nüsse und das Vanillepulver in eine Pfanne geben und anrösten.
Danach die Bananen kurz antauen und mit dem Joghurt und dem Agavendicksaft cremig pürieren.
Rosmarin waschen und Nadeln abzupfen. Eis mit dem Topping und dem Rosmarin servieren.

TIPP

Alle *NÜSSE* und Kerne lassen die Haut leuchten und festigen das Bindegewebe. Das in ihnen enthaltene Vitamin E wirkt antioxidativ und hautschützend.

Schoko-Avocado-Creme

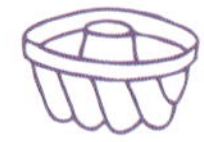

MIT BEEREN

ZUBEREITUNGSZEIT
15 Minuten

ZUTATEN FÜR 2 PERSONEN
1 reife Avocado
40 g Zartbitterschokolade
10 g stark entöltes Kakaopulver
3–4 EL Agavendicksaft
100 ml Haferdrink
1 Prise Vanillepulver
100 g Beerenobst
1 EL gehackte Pistazienkerne

Die Avocados halbieren, den Kern entfernen, das Fruchtfleisch mit einem Löffel auskratzen und in ein hohes Gefäß geben. Die Schokolade vorsichtig im Wasserbad schmelzen.
Die Schokolade, das Kakaopulver, den Dicksaft, den Haferdrink und das Vanillepulver zu der Avocado geben und mit einem Stabmixer zu einer gleichmäßigen Masse pürieren. Das Obst waschen, klein schneiden und mit der Creme und den Pistazienkernen servieren.

TIPP

BEAUTY-TIPP: AVOCADOMASKE Aus 30 g Avocado und 1 EL Aloe-Vera-Saft mixe ich eine Maske für mein Gesicht. So bekommt die Haut viel Vitamin E, gute Fette und jede Menge Feuchtigkeit. Vitamin E wirkt antioxidativ und zellschützend.

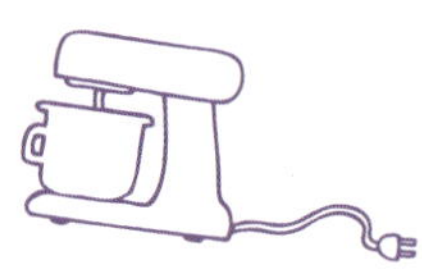

Melonen-lollys

MIT SCHOKOSPRITZERN UND KOKOSFLOCKEN

ZUBEREITUNGSZEIT
ca. 15 Minuten,
Kühlzeit: 1 Stunde

ZUTATEN FÜR 2 PERSONEN
1 Scheibe kernlose Wassermelone (2 cm dick)
30 g Zartbitterschokolade
1 TL Kokosflocken
1 TL Sesamsamen

Die Melonenscheibe in acht Ecken schneiden und diese einzeln auf Spieße stecken.
Die Schokolade vorsichtig im Wasserbad schmelzen. Die Melonenspieße mit der Schokolade beträufeln, mit den Kokosflocken und den Sesamsamen bestreuen und fest werden lassen.

TIPP

KOKOS Die tropische Kokosnuss ist reich an Ballaststoffen und Mineralstoffen wie Magnesium, Phosphor, Kalium und Kalzium sowie den Spurenelementen Zink, Eisen und Kupfer.

Der nahrhafte Snack ist in Form von Kokosnusschips leicht verdaulich.

Seidentofu-Vanille-Creme

MIT HIMBEEREN

ZUBEREITUNGSZEIT
ca. 15 Minuten,
Kühlzeit: 1 Stunde

ZUTATEN FÜR 2 PERSONEN
200 g Seidentofu
1 EL Agavendicksaft
1 Msp. Vanillepulver
20 g Zartbitterschokolade
125 g Himbeeren

Den Tofu mit dem Agavendicksaft und dem Vanillepulver pürieren. Die Schokolade grob raspeln und unter die Creme geben. Die Himbeeren waschen und abtropfen lassen. Drei Viertel der Himbeeren in zwei Gläser geben. Die Creme auf die Beeren geben. Die restlichen Beeren auf der Creme verteilen. Ca. 1 Stunde im Kühlschrank kalt stellen.

TIPP

VARIANTE: Das Dessert schmeckt auch toll mit Granatapfelkernen, Erdbeeren, Pflaumen oder Mango.

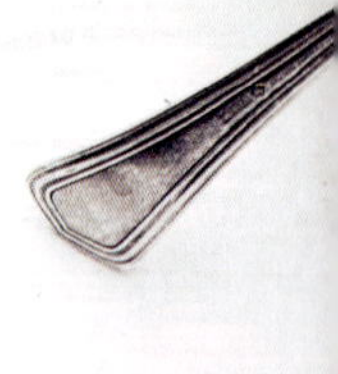

Register

Bananen-Buttermilch mit Mandelmus und Zimt ... 98 HS
Bauchschmeichler-Quark mit Leinöl, Birne, Leinsamen und Brombeeren ... 33 HIS
Beauty-Sommerrollen mit Avocado, Ananas, Sellerie, Gurke und Spinat ... 103 DHHaS
Brokkoli-Kokos-Curry mit Linsen-Quinoa-Einlage ... 87 S
Bunte Gemüse-Bowl ... 54 AI
Buttermilch-Erdbeer-Eis am Stiel ... 109 ADHS
Buttermilch-Erdbeer-Hafer-Shake mit Aloe Vera ... 37 DHS

Chiasamen-Pudding mit Sojajoghurt und Himbeeren ... 34 H
Chinakohl-Grapefruit-Avocado-Salat mit Garnelen ... 58 DHS
Cremige Tomaten-Suppe mit Erbsen-Linsenbällchen ... 64 AIS

Detox-Ingwer-Minze-Wasser ... 42 DIS

Eier in Avocado, gegart mit Paprikastreifen und Vollkornbrot ... 22 AHHaI
Erbsensüppchen mit Radieschen und Mandelmus, feines ... 63 HS

Feines Erbsensüppchen mit Radieschen und Mandelmus ... 63 DHS

Gefüllte Süßkartoffel mit geröstetem Blumenkohl und Joghurt-Dip ... 88 AIS
Gemüse-Bowl, bunte ... 54 AI
Gemüse-Spiralnudeln mit Linsen-Gemüse-Bolognese ... 91 DHS
Gewürzknabberkerne ... 101 HHaS
Grüne-Bohnen-Paprika-Pfanne mit Lammlachs ... 72 HHaS
Gurken-Ananas-Smoothie mit Aloe Vera ... 97 DHS

Hafer-Porridge mit Zimt und Apfel ... 25 AHHaI
Hafer-Süßkartoffel-Plätzchen mit Brokkoli-Kartoffel-Stampf ... 83 AHHaS
Heidelbeer-Smoothie-Bowl mit Hirseflocken ... 28 AHI
Hirsebrei mit Heidelbeeren und Leinsamen ... 26 AHI

Kichererbsen-Dip mit Sellerie ... 104 DS
Kohlsalat mit Linsen-Eier-Topping ... 46 HINS
Kräuter-Hirse-Salat mit Heidelbeer-Dressing ... 57 AHHaN

Lachs-Gurkencanapés ... 107 DH
Lachs-Reis-Bowl mit Mangold, Tomaten und Cashew-Koriander-Sauce ... 78 DI
Lauwarmer Wurzel-Linsen-Salat mit Passionsfrucht-Dressing ... 53 AHHaINS
Linsen-Hirse-Bowl mit Rotkohl und Papaya ... 81 HNS

Mandel-Linsen-Pfannküchlein, gefüllt mit Spinat und Tomaten ... 84 HS
Marinierte Rindfleischstreifen mit Buchweizennudeln, Rotkohl und Ananas ... 71 AIS

Mariniertes Ofen-Hähnchen auf Karotten mit Brombeer-Kakao-Sauce .... 75 AI
Meersalz-Lavendel-Öl-Peeling .... 48 H
Melonenbruschetta mit Paprikawürfeln und Minz-Walnuss-Pesto .... 94 DHS
Melonenlollys mit Schokospritzern und Kokosflocken .... 115 DHS

Nicecream mit Hafer-Paranuss-Flocken .... 110 AH

Ofen-Hähnchen auf Karotten mit Brombeer-Kakao-Sauce, mariniertes .... 75 I
Ofenlachs mit Aprikosen-Schafskäse-Haube und Karotten-Quinoa-Gemüse .... 76 AHIS

Pastinaken-Bananen-Curry-Suppe mit Kokos und Kichererbsen .... 68 HHaNS

Quinoa-Karotten-Salat mit Aprikosen-Mohn-Dressing und Rucola .... 50 HIS

Rindfleischstreifen mit Buchweizennudeln, Rotkohl und Ananas, marinierte .... 71 AS
Rote-Bete-Apfel-Orangen-Saft .... 41 HI

Schoko-Avocado-Creme mit Beeren .... 112 AHI
Seidentofu-Vanille-Creme mit Himbeeren .... 116 IS
Shape-Müsli .... 21 AS
Spargelsalat mit Mozzarella, Erbsen und Himbeerdressing .... 49 DS
Spinat-Chiasamen-Papaya-Smoothie .... 38 S
Süßkartoffel-Karotten-Suppe mit Gojibeeren-Mandel-Topping .... 60 AHIN
Süßkartoffel mit geröstetem Blumenkohl und Joghurt-Dip, gefüllte .... 88 IS
Süßkartoffelschnittchen mit Karotten-Paprika-Hüttenkäse und Rucola .... 30 AHNS

Tomaten-Suppe mit Erbsen-Linsenbällchen, cremige .... 64 AI

Wassermelonen-Minz-Daiquiri .... 100 DI
Wurzel-Linsen-Salat mit Passionsfrucht-Dressing, lauwarmer .... 53 HHaINS

Zitronengras-Kokos-Suppe mit Spinat, Brokkoli und Tofu .... 67 DHS

Abkürzungen:

A .... Antioxidativ
D .... Detox
H .... Haut
Ha .... Haare
I .... Immunsystem & allgemeines Wohlbefinden
N .... Nägel
S .... Stoffwechsel & Fettverbrennung

Die Autorin

IRIS LANGE-FRICKE ist Diplom-Ökotrophologin, Köchin und kreiert Rezepte, die der Seele schmeicheln und rundum guttun. Ihre ganz besondere Leidenschaft gilt der vegetarischen Küche, die so vielseitig und geschmackvoll sein kann. Dabei experimentiert sie liebend gerne mit Hülsenfrüchten, verschiedenen Getreidearten, Nüssen und jeglicher Art von Gemüse. Auf dem Blog www.uloopmagazin.de präsentiert sie ausgewogene Rezepte mit hohem Genusswert sowie ganzheitliche Tipps rund um die Themen Ernährung, Bewegung und Entspannung.

Die Fotos

Die Fotos wurden vom renommierten Hamburger Studio Seiffe wunderbar ästhetisch in Szene gesetzt. Wir danken für die freundliche Genehmigung zum Abdruck, insbesondere dem Fotografen Arvid Knoll.

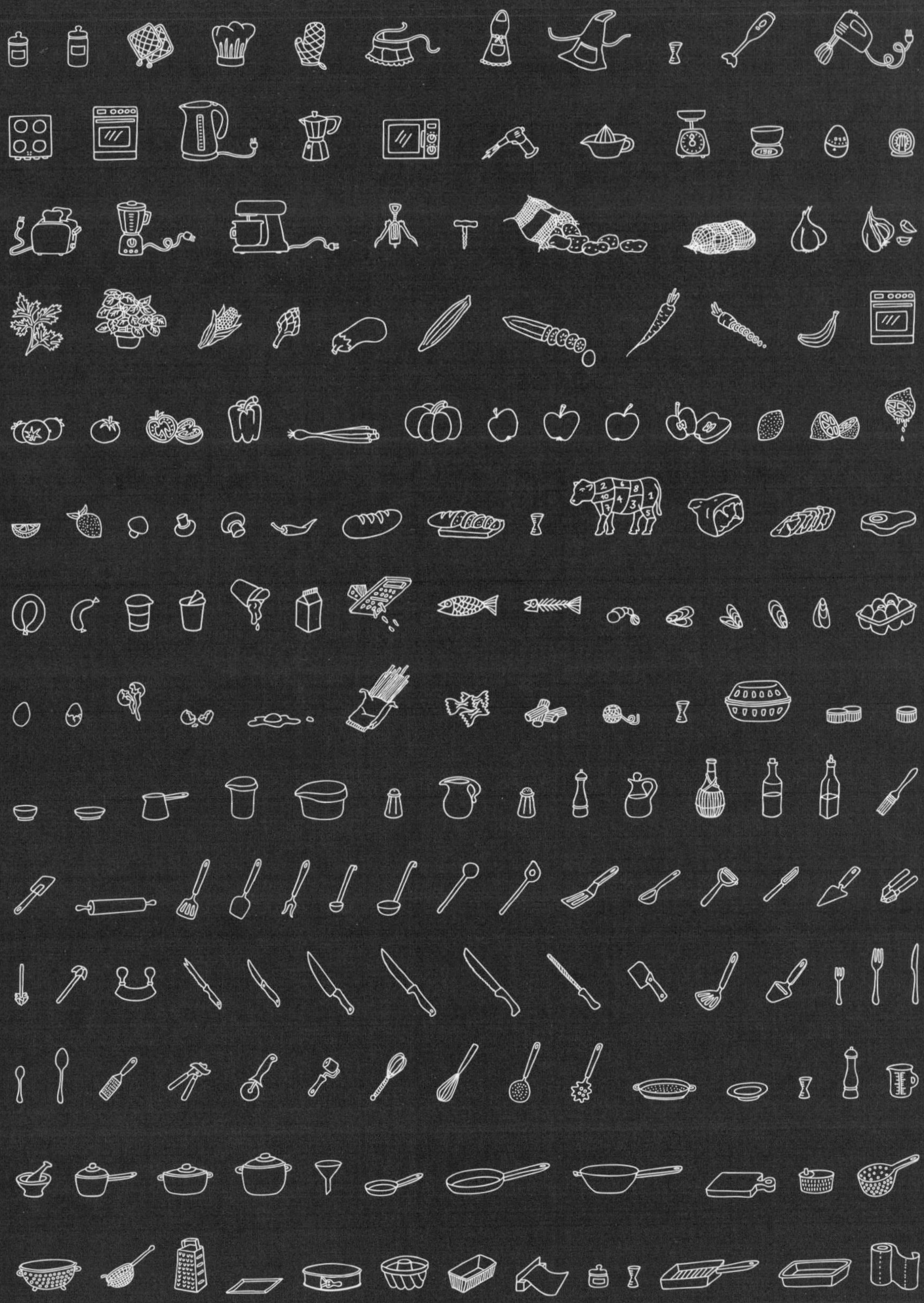